A MELODIA DE JOBIM

Universidade Estadual de Campinas

Reitor
Antonio José de Almeida Meirelles

Coordenadora Geral da Universidade
Maria Luiza Moretti

Conselho Editorial

Presidente
Edwiges Maria Morato

Carlos Raul Etulain – Cicero Romão Resende de Araujo
Frederico Augusto Garcia Fernandes – Iara Beleli
Marco Aurélio Cremasco – Maria Teresa Duarte Paes
Pedro Cunha de Holanda – Sávio Machado Cavalcante
Verónica Andrea González-López

Carlos Almada

A MELODIA DE JOBIM

FICHA CATALOGRÁFICA ELABORADA PELO
SISTEMA DE BIBLIOTECAS DA UNICAMP
DIVISÃO DE TRATAMENTO DA INFORMAÇÃO
Bibliotecária: Gardênia Garcia Benossi – CRB-8ª 8644

AL61m   Almada, Carlos
         A melodia de Jobim / Carlos Almada. – Campinas, SP : Editora da Unicamp, 2023.

         1. Jobim, Tom, 1927-1994. 2. Música popular brasileira. 3. Melodia. 4. Música – Análise, apreciação. 5. Linguística de corpus. I. Título.

                                              CDD – 781.630981
                                                 – 781.41
                                                 – 780.15
                                                 – 410.188

ISBN 978-85-268-1611-4

Copyright © Carlos Almada
Copyright © 2023 by Editora da Unicamp

Opiniões, hipóteses e conclusões ou recomendações expressas neste material são de responsabilidade do autor e não necessariamente refletem a visão da Editora da Unicamp.

Direitos reservados e protegidos pela lei 9.610 de 19.2.1998.
É proibida a reprodução total ou parcial sem autorização, por escrito, dos detentores dos direitos.

Foi feito o depósito legal.

Direitos reservados a

Editora da Unicamp
Rua Sérgio Buarque de Holanda, 421 – 3º andar
Campus Unicamp
CEP 13083-859 – Campinas – SP – Brasil
Tel.: (19) 3521-7718 / 7728
www.editoraunicamp.com.br   –   vendas@editora.unicamp.br

Em memória de Paulo Jobim

Agradecimentos

Como no volume precedente (*A harmonia de Jobim*), a realização deste livro contou com o inestimável apoio do Instituto Antonio Carlos Jobim, representado pela figura de seu diretor Aluisio Didier, a quem sou muito grato. Estendo minha gratidão a toda equipe do Instituto, especialmente a Georgina Staneck, bem como aos membros da família Jobim, cuja confiança depositada nesta pesquisa muito me honra.

Muito obrigado mais uma vez ao excelente time da Editora da Unicamp – Ricardo Lima, Lucia Lahoz, Alex Melo, Edinho e os demais integrantes – por toda a atenção dispensada e pela alta eficiência demonstrada ao longo do processo editorial.

Agradeço aos queridos alunos, graduandos, mestrandos e doutorandos da Escola de Música da UFRJ – Ana Miccolis, Claudia Usai, Eduardo Cabral, Gabriel Barbosa, Igor Chagas, João Penchel, Max Kühn e Vinicius Braga –, que, desde 2017, tomaram parte em diversas fases do Projeto Jobim, contribuindo com seu trabalho, interesse e dedicação para a consecução das diversas produções bibliográficas e artísticas associadas. Em 2022, Ana, Claudia e Max (juntamente com o doutorando Pedro Zisels e o mestrando João Nogueira) matricularam-se em uma disciplina de tópicos especiais que ministrei na pós-graduação em Música da UFRJ, juntamente com o matemático/músico e grande amigo Hugo Carvalho. Boa parte da estrutura e do conteúdo deste livro deve-se a ideias que surgiram de discussões em aula e a excelentes sugestões feitas pela turma, sem falar no entusiasmo que sempre demonstraram nas aulas, o que me estimulou bastante para efetivar este projeto. Meu muito obrigado a todos!

Sou ainda muito grato a meu caro amigo Carlos José de Lyra, pelas várias revisões do texto, contribuindo em muito para sua fluência e clareza.

Obrigado a Mario Adnet, por apoiar e incentivar o projeto desde seu início, bem como por aceitar o convite para escrever algumas palavras de apresentação sobre o livro, o que me deixou lisonjeado.

Por fim e mais importante – não me canso de lembrar –, minha enorme gratidão a Tom Jobim, mestre dos mestres, pela beleza e pela profundidade de sua obra, uma música que me maravilha, surpreende, inspira e comove, não importando quantas vezes a ouço. Espero que este livro possa fazer de alguma maneira jus a essa grandeza.

«Minha obra é toda um canto de amor ao Brasil, minha terra, povo, flora e fauna. À vista da minha janela ou da janela do avião.»

Antonio Carlos Jobim

Sumário

Introdução 15

Parte I Formulações teóricas   **21**

1 O Modelo de Filtragem Melódica   **23**
    1.1 Segmentação 24
    1.2 Abstração 28
    1.3 Codificação 34
        1.3.1 Subdomínio das alturas 35
        1.3.2 Subdomínio do ritmo 36
    1.4 Palavras e sentenças melódicas 40

2 O processo analítico   **47**
    2.1 O *corpus* de análise e seus subgrupos 47
    2.2 Critérios de formatação 52
    2.3 Métricas e parâmetros de avaliação dos dados 55
        2.3.1 Parâmetros do subdomínio das alturas 55
        2.3.2 Parâmetros do subdomínio rítmico 58
        2.3.3 Parâmetros gerais 60

3 Discussão dos resultados   **65**
    3.1 Subdomínio das alturas 65
        3.1.1 Distribuição das c-letras 65

		3.1.2	Entropia das c-letras	68
		3.1.3	Distribuição das c-palavras	70
	3.2	Subdomínio do ritmo		73
		3.2.1	Distribuição das r-letras	73
		3.2.2	Perfil métrico	76
		3.2.3	Entropia das r-letras	80
		3.2.4	Distribuição das r-palavras	83
	3.3	Distribuição das c/r palavras quanto à cardinalidade		89
	3.4	Uma análise		92

Parte II Abordagens analíticas 95

4 Contornos melódicos 97
4.1 Contornos específicos 99
4.2 Âmbito, clímax e nadir 101
4.3 Gestos de contorno 101
		4.3.1	Gesto em serra descendente	104
		4.3.2	Gesto em serra ascendente	104
		4.3.3	Gesto em cordilheira	104
		4.3.4	Gesto em pico	109
		4.3.5	Gesto em vale serrilhado	109
		4.3.6	Gesto em salto	109
		4.3.7	Gesto em planalto	113

5 Apoios melódico-harmônicos 117
5.1 Tensão sensorial 117
5.2 Análises 121

6 Linhas cromáticas 131
6.1 Cromatismo na melodia principal 133
6.2 Cromatismo na linha do baixo 141
6.3 Cromatismo em linha interna 144

7	**Organização temática**	**159**
7.1	Similaridade e contraste	161
7.2	Estruturas mono e multissecionais	163
7.3	Período e sentença	165
7.4	Estruturas temáticas jobinianas	170
	7.4.1 Estruturas multisseccionais	171
	7.4.2 Estruturas monosseccionais	176
8	**A derivação econômica**	**181**
8.1	Variação progressiva	182
8.2	MDA*	183
8.3	Estudos de caso	187
	8.3.1 Engano	187
	8.3.2 Insensatez	200
9	**Saltos expressivos**	**213**
9.1	Uma tipologia para o uso de saltos	215
10	**Melodia e texto**	**227**
11	**Estratégias estilísticas**	**239**
11.1	Territórios estilísticos	240
11.2	Idioma e idioleto	242
11.3	Possíveis estratégias jobinianas	244
	11.3.1 Estratégias qualitativas	245
	11.3.2 Estratégias quantitativas	250
Bibliografia		**255**

Transcrições das peças inéditas   265

Glossário   291

Lista das canções   299

Introdução

Este livro é voltado para um exame sistemático e original da construção melódica de Antonio Carlos Jobim. Seu conteúdo dá complemento a um volume anterior, recentemente publicado – *A harmonia de Jobim*.[1] O propósito primordial dessa continuação é difundir os mais recentes resultados e desdobramentos de uma pesquisa acadêmica iniciada em 2017 e centrada na bela, vasta e profunda obra desse extraordinário compositor. Na verdade, a junção das duas pesquisas visa a estabelecer um eixo consistente de investigação, que é associado a teorias especialmente desenvolvidas a partir de uma análise minuciosa do repertório jobiniano. Forma-se, assim, um binômio, cujo âmbito de atuação vem cobrir um amplo espectro de elementos relacionados às estruturas harmônica e melódica, visando, em última instância, a ampliar o entendimento daquilo que poderia ser denominado o *estilo jobiniano*.

De fato, a busca por esse conhecimento é a mola que motivou o início da pesquisa e que ainda a mantém em movimento. A partir de diversas frentes de estudo, cristalizadas em artigos científicos[2] e, especialmente, em *A harmonia de Jobim*, foi-se preenchendo um vasto e colorido mosaico de características composicionais (entre preferências, padrões, escolhas etc.), resultando em um mapeamento cada vez mais minucioso e preciso.

---

[1] Almada (2022).
[2] Ver a listagem de publicações na bibliografia deste livro.

A melodia de Jobim

O tema central deste livro – a *melodia* – não é, de modo algum, um parâmetro de fácil manipulação (ao contrário do que acontece com a harmonia, em que pese toda a sua complexidade). Desde o início da pesquisa, a elaboração de um processo analítico que pudesse dar conta, de maneira suficientemente sistemática e precisa, do exame de melodias resultou em tentativas frustradas. Afinal, seria necessário que o almejado sistema fosse capacitado para extrair padrões (em número finito, evidentemente) que pudessem ser classificados e, posteriormente, comparados a outros. Enquanto a própria pesquisa demonstrou que um sistema com tais propriedades básicas era plenamente viável para o tratamento da harmonia, a melodia se mostrava refratária a abordagens semelhantes.

No entanto, já em meados de 2022, de um modo quase repentino e indireto, a solução para o problema surgiu e viabilizou a criação do novo sistema, bem como a subsequente análise exaustiva, cujas bases e resultados são descritos concisamente na parte I deste livro. Assim como em *A harmonia de Jobim*, o presente volume é iniciado com a descrição do modelo teórico central – denominado Filtragem Melódica (FM) – e de suas principais aplicações no âmbito da fase atual da pesquisa, tarefa contemplada nos três primeiros capítulos.

A segunda parte (denominada genericamente «Abordagens analíticas») contempla aspectos mais «práticos» relacionados à estrutura melódica jobiniana, envolvendo tópicos distintos, porém mutuamente complementares. O capítulo 4 apresenta as representações gráficas dos *contornos melódicos específicos* visando a identificar a recorrência de algumas estratégias composicionais. Segue-se, no capítulo 5, uma discussão sobre a importância da relação entre *notas de apoio melódico* que finalizam segmentos e os acordes que as suportam. O capítulo 6 trata de um dos aspectos mais distintivos da música de Jobim, o emprego de *linhas cromáticas*, o que motivou a elaboração de uma tipologia específica. A *estruturação temática* é o objeto de estudo do sétimo capítulo, assunto que é, de certo modo, reexaminado no capítulo seguinte, na perspectiva da elaboração de temas a partir da *derivação econômica de motivos*. O capítulo 9 foca um aspecto bastante específico, aparentemente secundário, mas que tem importância decisiva para o entendimento da construção melódica jobiniana, a saber, o uso expressivo de *saltos intervalares*. Tal assunto se associa, de certo modo, às relações (em diversos níveis) entre *melodia e texto*, que são discutidas no capítulo 10. Por fim, o capítulo 11 propõe conectar todos os aspectos elencados nos capítulos anteriores, buscando esboçar um possível *perfil estilístico* para Jobim.

Semelhantemente ao que é mencionado nas notas introdutórias de *A harmonia de Jobim* (HJ), a compreensão dos assuntos tratados na parte II, mais prática, de *A melodia de Jobim* (MJ) não requer que os capítulos sejam estudados em sequência estrita. No entanto, recomendo que a leitura dos três capítulos iniciais (referentes à parte I, teórica) obedeça à ordem original, já que as informações que trazem são gradualmente introduzidas e conectadas.

Não é também imprescindível para o entendimento de MJ o prévio conhecimento de HJ, embora, como mencionado acima, os objetos de estudo dos dois livros estejam intimamente associados. Na verdade, em muitos aspectos melodia e harmonia se mostram como dimensões indissociáveis, o que se evidencia em vários pontos de ambos os volumes. Assim, enquanto HJ não deixa de examinar as relações entre harmonia e fenômenos melódicos (como em seu capítulo 10),[3] a harmonia se infiltra naturalmente, por assim dizer, entre os temas relacionados à melodia em MJ, como nos capítulos 5 e 6, por exemplo.

Um aspecto importante neste livro diz respeito ao conjunto de obras selecionadas para as análises, pois estas incluem, além das

---

[3]Voltado para a influência melódica na escolha de acordes, através de um estudo de caso de *Chovendo na roseira* (Almada, 2022, pp. 283–294).

A melodia de Jobim

partituras de várias canções publicadas e consagradas em inúmeras gravações, transcrições de manuscritos do compositor, manuscritos esses não publicados até o presente momento.[4] A seleção desse grupo de peças (55, no total) se deu no contexto de uma pesquisa paralela feita por mim, com o apoio de uma excelente equipe de alunos,[5] no acervo digital do Instituto Antonio Carlos Jobim.[6] Nessa pesquisa, tive o enorme privilégio de poder examinar e analisar nada menos do que 211 trechos de composições jobinianas que, por razões insondáveis, não se tornaram realizações musicais como suas conhecidas «irmãs», *Samba de uma nota só*, *Bebel*, *Desafinado*, *Garota de Ipanema*, *Águas de março*, *O boto* etc., etc., etc. Na verdade, a maior parte desses manuscritos encontra-se incompleta (por que essas composições foram abandonadas/esquecidas? – é uma boa questão a propor), porém algumas obras estão inteiramente prontas ou mesmo em estágios de quase completude, isto é, faltando apenas pequenos detalhes que poderiam ser facilmente implementados. Nesses casos, o enigma é ainda mais inquietante: por que não foram, então, registradas, arranjadas, tocadas, gravadas? Talvez seja essa também uma questão sem respostas.

De todo modo, essas obras formam um precioso tesouro, uma extensão desse extraordinário patrimônio cultural brasileiro que é a obra jobiniana. Um material riquíssimo do qual tive a felicidade, a honra e o privilégio de tomar conhecimento.

Talvez o mais notável aspecto em relação a esse *corpus* seja a constatação (quase tautológica) de que se trata de... obras jobinianas! Quero dizer com isso que elementos característicos do tratamento composicional de Jobim estão presentes nessas obras,

---

[4]Embora não seja um termo apropriado, já que o acervo de tais manuscritos se encontra disponível para pesquisa na *homepage* do Instituto Antonio Carlos Jobim (IACJ), usarei eventualmente, por simplicidade, o adjetivo «inéditas» para me referir a essas composições.

[5]São eles: Ana Miccolis, Claudia Usai, Eduardo Cabral, Igor Chagas, Max Kühn e Vinicius Braga.

[6]https://www.jobim.org/.

em diferentes manifestações, é claro, mas evidentes por um viés mais abstrato e essencial. Por essa razão especial, considero que a incorporação dessas peças ao grupo daquelas publicadas é um elemento de enorme importância para o objetivo mais básico da pesquisa à qual estão associados os dois livros, a saber, a expansão do conhecimento sobre o estilo do compositor.

Dentre as 55 peças «inéditas» consideradas para efeito do levantamento estatístico, 16 foram selecionadas para diversas análises específicas ao longo dos capítulos. Além dos *links* para o acesso aos documentos manuscritos (hospedados na *homepage* do IACJ), seus títulos originais e suas transcrições estão reunidos no apêndice 1 deste livro, acompanhados de breves comentários analíticos.

Parte I
Formulações teóricas

1
O Modelo de Filtragem Melódica

O Modelo da Filtragem Melódica (FM), cujas bases serão introduzidas neste capítulo, vem se juntar às teorias dos *Genera* de Tipos Acordais (GTA) e das Relações Acordais Binárias (RB), ambas voltadas para a sistematização da estrutura harmônica da obra jobiniana.[1] A integração desse trio, em conjunto com seus respectivos corpos conceituais e ferramentas metodológicas, torna-se um complexo analítico (e potencialmente composicional, como será discutido) especialmente robusto e eficaz para o entendimento da estrutura musical da obra de Jobim.[2] Mais importante ainda,

---

[1] As descrições detalhadas dos modelos GTA e RB encontram-se em *A harmonia de Jobim* (Almada, 2022).

[2] Importante salientar que a escolha dos domínios de harmonia e melodia (aqui englobando alturas e ritmo) como elementos basilares na evidenciação da estrutura musical é suficientemente suportada pela literatura. Ver, por exemplo, o seminal trabalho de Leonard Meyer (1989), no qual esses três elementos são definidos como *parâmetros primários*, passíveis de segmentação e contabilização (ações essenciais no presente modelo, como será aqui discutido), em oposição aos parâmetros *secundários* (dinâmica, timbre etc.). A mesma relevância de harmonia e melodia é também evidenciada em estudos sobre a cognição musical,

dados sua flexibilidade e seu poder de generalização, tal aparato teórico-metodológico pode ser estendido a outros repertórios.[3]

O modelo FM, aplicado à análise de linhas melódicas, baseia-se em três estágios sequenciais: (a) *segmentação*; (b) *abstração*; (c) *codificação*.

1.1 Segmentação

O primeiro estágio é suportado por um princípio geral que estabelece a segmentação de uma sequência de informações (sejam elas de qualquer natureza, como as que integram um discurso verbal, um texto escrito, uma cadeia de notas musicais ou até mesmo uma mensagem telegráfica). Tal princípio visa essencialmente a contribuir para o entendimento da mensagem. Um simples exemplo textual ilustra esse ponto: o aparentemente aleatório trem de letras «esseossoassimseassa» torna-se uma mensagem (culinária) compreensível com a mera inclusão de alguns espaços: «esse osso assim se assa».

Sinais de pontuação atuam em um nível mais elevado de segmentação, separando grupos de palavras, criando hierarquias para os conceitos que portam e, muitas vezes, eliminando possíveis ambiguidades. Considere, por exemplo, a sequência de palavras: «Comer proteínas não evitar carboidratos». A depender das posições dos sinais de pontuação, as mensagens resultantes podem ter sentidos bem diversos: (1) «Comer proteínas, não! Evitar carboidratos» × «Comer proteínas! Não evitar carboidratos».

Sim, reconheço que uma melodia não é a mesma coisa que uma mensagem linguística enunciada (ou escrita). Grupos de notas não possuem sentidos inerentes, como as palavras possuem (carro, sor-

---

tanto referente à memória (Snyder, 2001) quanto às emoções (Bashwiner, 2010).

[3] *Corpora* de obras de Ivan Lins, Edu Lobo e Chico Buarque estão sendo atualmente mapeados através desse complexo. Esses quatro compositores integram um grupo de dez reconhecidos grandes nomes do cenário musical brasileiro, dentro de um projeto de maior envergadura, em andamento.

vete, menina, bondade etc.), e nem mesmo aglomerados desses grupos – ou seja, em níveis mais altos de organização – são capazes de expressar inequivocamente mensagens ou pensamentos, como as sentenças de um idioma. Entretanto, em geral, a concatenação de notas musicais em blocos organizados hierarquicamente (que poderia ser uma possível definição para «melodia») dificilmente resultará em uma sequência de sons aleatórios. A ordem dos elementos nesses grupos é altamente significativa e produz, sim, *sentido* (ainda que não de natureza semântica, como na linguagem). Isso pode ser claramente comprovado quando os grupos (os de baixo e/ou alto níveis) sofrem algum tipo de permutação, uma propriedade, aliás, compartilhada com textos.[4]

Ou seja, algum sentido (mais abstrato, menos diretamente tangível) é, de alguma maneira, transmitido em uma melodia e, do mesmo modo, recebido por um ouvinte, que, assim, se não a «compreende» (como acontece na cognição linguística), ao menos a aprecia em seus próprios termos, lógica e estrutura. Basta ver que uma peça musical – pense, por exemplo, em um movimento de uma sonata de Mozart ou um samba de Cartola – é percebida e tacitamente «aceita» pelo ouvinte médio como uma espécie de mensagem ou história completa, com início, meio e fim, e não como um fluxo de várias camadas simultâneas de sons isolados não relacionados, que é como percebemos o conjunto de ruídos em um engarrafamento, por exemplo.

Essa discussão tem como principal finalidade evidenciar a importância da segmentação para o entendimento da estrutura de uma peça musical.[5]

---

[4] *Recursividade* e *combinatoriedade* são outras duas características comuns às expressões linguística e musical. Para uma discussão aprofundada sobre tais aspectos, ver Mithen (2007).

[5] Como afirma Bob Snyder em um estudo sobre a memória musical, «devido às limitações da memória de trabalho, a música pode ser imediatamente compreendida apenas numa escala de tempo de 5 a 8 segundos. Daí, o primeiro passo para a construção da forma de uma peça de música por um ouvinte é

De volta para o caso do presente modelo, no qual a dimensão melódica do discurso musical é o objeto central de estudo, a definição de segmentos forma a etapa primordial que condicionará a subsequente filtragem. Basicamente, o processo consiste em delimitar trechos de uma melodia em análise que formem breves unidades com «significado», segmentos esses relativamente autônomos em relação a seus vizinhos. Tais pequenos grupos poderiam ser, talvez, informalmente denominados «frases», caso tal termo não tivesse tantas acepções distintas (e, muitas vezes, conflitantes) na literatura musical sobre o assunto. Prefiro, no entanto, propor um novo termo, mais neutro e devidamente ajustado ao modelo teórico FM, o que será explicitado em seu devido momento.

Ainda que subordinada à subjetividade interpretativa (já que será realizada não algoritmicamente, mas sempre por meios humanos), a segmentação de uma melodia é suportada pelos princípios da Teoria da *Gestalt*[6] e pelos critérios do bom senso e da experiência musical do(a) analista, podendo ser considerada, portanto, como razoavelmente consensual e objetiva.[7]

Na maior parte das vezes, o processo de segmentação de melodias por um(a) analista é uma tarefa simples. Na verdade, quase

---

a *segmentação* ou fragmentação da superfície musical para a identificação das fronteiras que formam os pontos de mudança na música» (Snyder, 2009, p. 174, ênfase minha).

[6]Que, essencialmente, versa sobre a maneira como nossa mente tende a agrupar elementos básicos em estruturas de mais alto nível (por exemplo, considerando objetos espalhados e misturados no chão de uma sala de aula – lápis de cor, brinquedos, folhas de papel etc.– como pertencentes a conjuntos de específicos), a partir de uma série de princípios. Embora de maior aplicação para estudos visuais, tal teoria é também adequada para o exame da segmentação em música. Para um estudo de grande influência nesse campo, ver Lerdahl e Jackendoff (1983).

[7]O caráter quase intuitivo e consensual da segmentação (pelo menos, nos casos mais simples) pode ter relação com o que afirma David Huron, sugerindo tratar-se de um processo primariamente estatístico, ou seja, aprendido com nossa experiência como ouvintes de virtualmente milhares de músicas ao longo da vida (Huron, 2006, p. 157).

sempre trata-se meramente de reconhecer as fronteiras estabelecidas pelos compositores.[8] Tais fronteiras são, em geral, evidenciadas através da aplicação intuitiva de um dos mais fortes princípios gestálticos, o da *proximidade*. Essencialmente, dois elementos tendem a se agrupar quando estão de alguma maneira próximos um do outro. Contrariamente, o aumento da separação física tende a gerar segregação, facilitando, assim, a segmentação, o que nos interessa particularmente. Em termos mais específicos, duas notas cujos ataques se encontrem a uma distância maior do que as distâncias que separam notas anteriores *tendem* a ser consideradas como pertencentes a segmentos diferentes.[9] Evidentemente, isso é uma tendência, não uma regra determinística, mas tal tendência pode ser vista como um dos critérios mais sólidos, o que faz com que segmentações propostas por analistas diferentes sejam razoavelmente semelhantes, em geral. Outro dos princípios envolve a ideia de *semelhança* (objetos semelhantes tendem a formar grupos, ainda que não fisicamente próximos). No caso musical, isso se reflete principalmente na ideia de *paralelismo*, um aspecto de mais alto nível: segmentos que tenham configurações motívicas afins tendem a ser percebidos como unidades semelhantes. Expresso de uma outra forma, bem prática em termos analíticos, se um determinado trecho melódico for considerado como um segmento bem formado, a detecção de uma nova versão sua, ainda que levemente modificada, tende a ser também considerada como um segmento. O paralelismo é um dos mais fortes critérios de segmentação e, na maior parte das vezes, é também intuitivamente consensual.

Por outro lado, nem sempre é possível detectar segmentos de

---

[8] A acrescentar que a familiarização com um estilo geral (por exemplo, com a prática da assim chamada Música Popular Brasileira) ou pessoal (de Jobim, Djavan, Dorival Caymmi etc.) é um fator auxiliar importante para o reconhecimento de fronteiras de segmentação por parte de um(a) ouvinte (a esse respeito, ver Eerola, 2003, p. 38).

[9] Não importando se a distância se manifesta como um som (nota prolongada) ou silêncio (pausa).

maneira clara e inequívoca, especialmente em níveis mais *imediatos*, como é o caso que nos interessa. Afinal, ambiguidade é uma das principais «moedas correntes» da tarefa composicional.[10]

A Figura 1.1 apresenta um exemplo bem simples do processo de segmentação, considerando a melodia da cantiga infantil *Atirei o pau no gato*.

Figura 1.1: Segmentação da melodia de *Atirei o pau no gato*.

Mesmo num caso tão elementar (que não apresenta ambiguidades, aliás), podemos observar que os segmentos não são inteiramente consistentes em extensão e conteúdo «ideológico». Enquanto o segmento 1 tem duração de sete tempos, os de números 2, 3, 4, 5 e 7 têm quatro tempos e o sexto tem a metade da extensão daqueles. É interessante perceber que, no caso dessa canção, mais do que a proximidade (na verdade, por si só, a observância desse princípio não contribui para a segmentação proposta), é o paralelismo que atua como principal fator para a análise (e o que permite evidenciar o idiossincrático segmento 6).

Vistos os fundamentos da segmentação, podemos passar para o segundo estágio da filtragem, a ser examinado na próxima seção.

1.2 Abstração

Embora nem todos se deem conta do fato, abstrair é uma prática essencial da vida musical, em todos os seus aspectos. A rigor, a própria noção de «nota» (ou, mais precisamente, de «altura») é, por si só, uma abstração, pois consiste em considerar como uma espécie

---

[10] Especialmente, o uso de sobreposições e elipses pode esconder ou obscurecer fronteiras entre segmentos.

de objeto, que pode ser de algum modo manipulado, como uma sonoridade que ocupa uma determinada faixa de frequências. Esse objeto, por convenção, passa a ser representado por um conceito (por exemplo, o «Dó central»), tornando-se uma entidade (relativamente) invariável, independentemente de contexto, timbre ou quaisquer outras condições.

Abstrações são imprescindíveis para a formação de teorias (e não apenas em música, mas em todos os campos do conhecimento), pois permitem reunir incontáveis manifestações de fenômenos em uma única categoria. Como um exemplo bastante simples, imagine todas as maneiras possíveis com que três sons – digamos, Dó, Mi e Sol – podem ser combinados. Isso envolve desconsiderar diferenças de timbre (as três notas tocadas ao piano, ao violão, cada qual em um instrumento diferente etc.), espaçamento entre elas (fechado ou aberto), seus registros (grave, médio, agudo), dobramentos (as três notas poderiam ser duplicadas e distribuídas entre instrumentos em uma orquestra), dinâmica, ritmo e textura (homofônica, polifônica). Tais possibilidades – conceitualmente infinitas – podem ser simplesmente colapsadas em uma única categoria, denominada «tríade de Dó maior», que passa a ser ainda mais resumida pelo símbolo «C».

Isso nos leva a uma importante conclusão. Ao abstrairmos algo, uma espécie de acordo tácito é estabelecido: os benefícios evidentes da compactação e da generalização são necessariamente contrapostos a uma *perda de informação* que funciona como um «efeito colateral». Por outro prisma, é impossível, uma vez efetivada a abstração, recuperar o estado original do fenômeno reduzido. Trata-se, em suma, de uma via de mão única.

Retornemos agora ao caso específico da FM, direcionando o foco para as abstrações que serão especialmente aqui consideradas. Com esse objetivo, a Figura 1.2 apresenta um pequeno trecho de uma peça hipotética, escrita para instrumento melódico (flauta, por exemplo) e piano.

A melodia de Jobim

Figura 1.2: Exemplo de melodia hipotética com acompanhamento de piano.

Podemos considerar, num nível mais básico, dois domínios primários de abstração: harmonia e melodia. O primeiro deles foi justamente alvo do processo de modelagem descrito em *A harmonia de Jobim*, consolidando-se nas teorias GTA e RB.[11] A Figura 1.3 propõe, a partir do mesmo exemplo acima apresentado, três níveis de abstração do domínio harmônico.

O nível 1 corresponde ao que pode ser talvez considerado o procedimento de abstração mais corriqueiro da prática em música popular, um processo que nos permite extrair de grupos de notas distribuídas em uma textura (nem sempre simultaneamente, como é o caso do exemplo) um significado harmônico dentro de um determinado intervalo temporal.[12] As figuras poligonais delimitam as

---

[11] Ver Almada (2022, pp. 37-89).

[12] Em auxílio a essa tarefa, em geral, mudanças de acordes tendem a coincidir com tempos fortes da estrutura métrica. Além disso, há uma tendência de que os acordes em uma peça musical se distribuam de maneira equânime (embora, claro, exceções possam existir), ou seja, mantendo um *ritmo harmônico* constante (um acorde por compasso, por exemplo), a não ser que algum fator externo interfira nessa periodicidade (como uma intensificação rítmica ao final de uma seção, por exemplo).

O Modelo de Filtragem Melódica

Figura 1.3: Níveis de abstração harmônica.

alturas que se agrupam formando os acordes, sintetizados na cifragem informada na caixa 1.[13] A compactação das informações nessa etapa é bastante evidente.

No nível 2 podemos observar como as cifras harmônicas foram formatadas para a análise no Sistema J. De acordo a metodologia

---

[13]Notas não incluídas nos polígonos são consideradas transitórias (normalmente denominadas *inflexões*) entre notas estruturais dos acordes, sendo assim descartadas dos conjuntos abstraídos.

A melodia de Jobim

adotada,[14] as *notas-funções*[15] dos acordes são dispostas na pauta musical na configuração mais compacta possível, no âmbito de uma oitava (o que faz com que as nonas se insiram entre as fundamentais e terças nos dois acordes finais do exemplo). Como na etapa anterior, há perda de informações, já que inversões são desconsideradas, bem como as posições temporais das harmonias.

Por fim, o nível 3 abstrai dos acordes compactados suas essências – ou, mais precisamente, suas *qualidades* ou *tipos* –, que são traduzidas pelo programa computacional de análise como vetores numéricos, correspondendo aos intervalos em semitons entre as notas-funções (indicados pelos trios e quartetos de números sobre a linha horizontal na caixa 3).[16] O programa retém as fundamentais dos acordes (representados como classes de alturas sob a linha horizontal) para posterior identificação das relações acordais binárias presentes no repertório.

Considerando agora o foco deste capítulo, tomemos a melodia do exemplo como referência. A Figura 1.4, de maneira análoga ao feito para a harmonia, propõe um esquema estratificado de abstrações.

O nível 1 separa a linha melódica em dois subdomínios, o das alturas[17] e o do ritmo.[18] Novamente, observamos perda de infor-

---

[14] Ver descrição detalhada em Almada (2022, pp. 23-33).

[15] Notas contextualizadas em um determinado acorde. Uma nota-função expressa não a classe de altura a que está associada (Mi, Dó♯ etc.), mas a função que exerce no acorde que a contém: fundamental, terça, sexta, nona menor etc.

[16] Há outras descrições dos tipos acordais: a cifragem alfanumérica (com fundamental em Dó, por convenção), a *notação genealógica* ou ainda a disposição em *espaços acordais*. Para maiores detalhes sobre essas representações alternativas, ver Almada (2022, pp. 27-28; 46-48).

[17] Embora seja mais comum, no jargão musical, denominar esse domínio como *melódico*, prefiro manter a designação «alturas», pois considero um termo mais preciso, já que, a rigor, a ideia de melodia envolve também a dimensão rítmica mesclada à de alturas.

[18] A separação de melodias entre esses dois domínios é suportada por diversos estudos do campo da cognição musical. Num destes, inserido no livro *Music and Memory*, Bob Snyder argumenta que ouvintes percebem e agrupam eventos

O Modelo de Filtragem Melódica

Figura 1.4: Níveis de abstração melódica.

mação: ainda que preservando as posições originais no campo das alturas, o vínculo com a tonalidade original (Mi♭ maior) é desfeito;[19] de maneira semelhante, com a abstração rítmica, o referencial métrico (4/4, bem como o contexto no qual pontos de ataque têm lugar) deixa de existir, já que apenas a sequência de durações é mantida.

No segundo nível, as notas específicas são substituídas por intervalos melódicos, medidos em semitons (com os sinais +/- indicando as direções ascendente e descendente), eliminando as informações referentes a suas localizações exatas no campo das alturas.[20] Po-

---

rítmicos e de alturas como «aspectos separados da experiência musical» e que isso corresponde a uma das estratégias de memorização das estruturas musicais (Snyder, 2001, pp. 13-14).

[19]Perdem-se também as informações sobre dinâmica, articulação, ornamentação etc.

[20]É importante acrescentar que outras possibilidades de abstração da melodia seriam possíveis, como, por exemplo, traduzi-la como uma sequência de *classes*

demos considerar, assim, que o nível 2 provoca uma importante mudança, na qual *objetos* são substituídos por *relações*. Algo semelhante se observa na nova abstração rítmica: as separações entre os ataques passam a ser medidas em unidades de semicolcheias, formando uma sequência de intervalos entre ataques (originalmente, *inter-onset intervals*, ou IOIs).

Os IOIs são, na verdade, espécies de classes de ritmos que congregam inúmeras possibilidades de manifestações equivalentes, porém distintas em relação às durações específicas. A Figura 1.5 apresenta três exemplos de ritmos diferentes, contudo com idêntica configuração de IOIs.

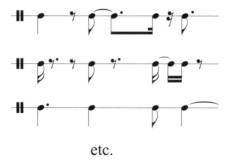

Figura 1.5: Exemplos de ritmos distintos, porém equivalentes a partir da mesma sequência de IOIs.

1.3 Codificação

Embora adotem estratégias básicas análogas, os processos de codificação dos subdomínios abstratos de alturas e de ritmos são efetivados a partir de meios distintos. Sendo assim, serão tratados em subseções específicas, como se segue.

---
de alturas. Para maiores informações sobre esse conceito, ver Straus (2005), entre outras fontes.

1.3.1 Subdomínio das alturas

A codificação desse subdomínio necessita de um nível adicional de abstração. Para tal, tomo como referência um importante artigo de W. Jay Dowling, publicado em 1978, sobre elementos característicos de melodias folclóricas. Nesse trabalho, Dowling propõe, visando a uma generalização com finalidades analíticas, classificar os intervalos melódicos em sete categorias primordiais:

- *Ascending step* (+t): abrangendo movimentos intervalares ascendentes por grau conjunto (segundas menores e maiores);

- *Descending step* (-t): abrangendo movimentos intervalares descendentes por grau conjunto;

- *Ascending skip* (+s): abrangendo movimentos intervalares que ocorrem dentro de arpejos de acordes entre notas contíguas (terças menores e maiores e quartas justas), em direção ascendente;

- *Descending skip* (-s): abrangendo movimentos intervalares que ocorrem dentro de arpejos de acordes entre notas contíguas, em direção descendente;

- *Ascending leap* (+l): abrangendo todos os saltos intervalares ascendentes maiores do que uma quarta justa;

- *Descending leap* (-l): abrangendo todos os saltos intervalares descendentes maiores do que uma quarta justa;

- *Unison* (u): abrangendo as repetições de notas.

O presente modelo adapta as categorias de Dowling, considerando não apenas simbologia (traduzida para o português), como a substituição dos sinais que representam direções intervalares (+/-) pelo uso de maiúsculas e minúsculas, correspondendo, respectivamente, aos movimentos ascendentes e descendentes. A Figura 1.6

resume as convenções que serão adotadas para a codificação das alturas. No âmbito do modelo FM, as sete categorias passam a ser denominadas *letras-contorno* (c-letras).

u	Uníssono	
P	Passo ascendente	
p	Passo descendente	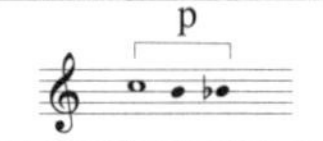
A	Arpejo ascendente	
a	Arpejo descendente	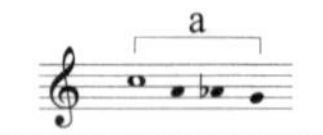
S	Salto ascendente	
s	Salto descendente	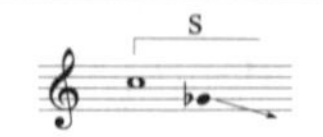

Figura 1.6: Identificação das sete c-letras, considerando seus escopos intervalares.

Defino o conjunto das c-letras como o *alfabeto de contorno* (A_c), formalmente expresso como

$$A_c = \{A, a, P, p, S, s, u, /\}$$

Observe que o alfabeto inclui o sinal de pontuação (/), a ser usado em segmentações analíticas.

1.3.2 Subdomínio do ritmo

No caso do ritmo, a estratégia de codificação adotada é consideravelmente distinta da anterior. A ideia básica consiste em buscar uma classificação dos possíveis padrões IOI em um dado ritmo (como aqueles da Figura 1.4), tomando como janela de observação o intervalo de um tempo (na prática, uma semínima). Adicionalmente, essa janela temporal é transformada em uma *grade micrométrica*, resultante da aplicação de um *fator divisor*, que deve corresponder ao mínimo múltiplo comum das durações rítmicas observadas no contexto musical em questão. Após inúmeras reflexões a respeito e um exame preliminar do repertório a ser analisado, cheguei à conclusão de que o fator divisor ótimo a ser adotado no modelo deveria ser igual a 12. Afinal, a subdivisão de um tempo em 12 fragmentos iguais permite a captura de ritmos derivados de semicolcheia, de quiálteras de colcheia e mesmo de quiálteras de semicolcheia, o que, se por certo não abrange todas as possíveis configurações rítmicas (em IOIs, bem entendido), contempla a esmagadora maioria das alternativas no âmbito do repertório, o que por si só justificaria sua aplicação.

Se, por outro lado, eu optasse por adotar divisores que possibilitassem ritmos mais diversificados (por exemplo, fusas, quiálteras de cinco, sete, ou configurações ainda mais complexas), ou seja, se eu pretendesse tornar o modelo mais abrangente e preciso, o crescimento exponencial de descritores resultantes acabaria por inviabilizar o processo de codificação e, consequentemente, o próprio modelo.

A Figura 1.7 esquematiza a grade micrométrica de 12 posições e suas principais subdivisões, por 2, 3, 4 e 6 (deixando de lado aquelas triviais, por 1 e 12). Observe que, a partir desses subdivisores, algumas «células» da grade (de números 2, 6, 8 e 12) são inacessíveis no sistema (elas estariam associadas, na verdade, aos ritmos baseados em quiálteras de fusas, bastante improváveis no contexto almejado na pesquisa). Nesse sentido, embora a grade possa ser vista, a rigor, como «subutilizada», considero que tal «defeito» é plenamente aceitável, tendo em mente os benefícios complementares de concisão e abrangência que resultam da escolha do divisor 12.

A melodia de Jobim

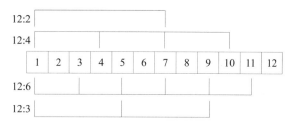

Figura 1.7: A grademicrométrica de um tempo e seus principais subdivisores.

A partir disso, classifico 26 configurações de IOIs como descritores para o processo de codificação rítmica.[21]

Como feito em relação ao subdomínio das alturas, as 26 configurações consideradas são denominadas genericamente *letras-ritmo* (r-letras), reunidas no conjunto denominado *alfabeto rítmico* (A_r):

$A_r = \{$a, b, c, d, e, f, g, h, i, j, k, l, m, n, o, p, q, r, s, t, u, v, w, x, y, z, / $\}$

Novamente, é incluído o sinal de pontuação «/».

A Figura 1.8 lista as 26 r-letras, representadas como pontos de ataque na grade micrométrica e em notação musical (foram adotadas as alternativas mais simples e compactas – ou seja, com menos símbolos – para cada caso).

Por conveniência, as r-letras podem ser agrupadas em dois outros conjuntos:

1. Quanto à cardinalidade (isto é, o número de ataques) – nula (r-letra *a*), unitária (b, c, d, e, f, g), binária (h, i, j, k, l, m,

---

[21]Visando a restringir o número de alternativas em 26 (o que permite um mapeamento com as letras do alfabeto latino), algumas combinações não são consideradas, seja por sua virtual inexistência em configurações rítmicas no repertório de análise (híbridos de semicolcheias e quiálteras de colcheias, p. ex.) ou mesmo por sua raridade (como diversas alternativas com quiálteras de semicolcheias).

O Modelo de Filtragem Melódica

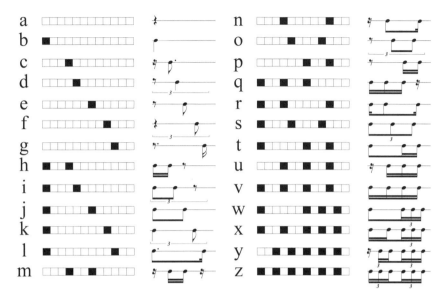

Figura 1.8: Identificação das 26 r-letras, em notação métrica e musical.

n, o, p), ternária (q, r, s, t, u), quaternária (v, w), quinária (x, y) e senária (z);

2. Quanto ao fator subdivisor – além das r-letras *a* (classificada como «neutra» nesta categoria) e *b* (de função «dual»), serão considerados dois subconjuntos: o que congrega os padrões IOIs derivados da subdivisão 4, denominados r-letras de classe R4 (c, e, g, h, j, l, m, n, p, q, r, t, u, v); e os padrões IOIs derivados da subdivisão 3, ou r-letras de classe R3 (d, f, i, o, s). As r-letras *w*, *x*, *y*, *z*, devido à sua relativa raridade no repertório em questão, serão consideradas à parte dessa classificação.

1.4 Palavras e sentenças melódicas

Tendo sido apresentados os três estágios que formam o processo de filtragem melódica (segmentação, abstração e codificação), passo a considerar sua combinação e consequente aplicação dentro do modelo teórico.

A filtragem de uma melodia, em suma, consiste na efetivação de três etapas:

1. Segmentação em trechos que sejam, preferencialmente, breves e que apresentem um sentido relativamente claro de fechamento e alguma autonomia em relação aos demais segmentos.[22] Os segmentos produzidos passam a ser denominados *palavras melódicas*, ou simplesmente *c/r palavras*;

2. Isolamento dos domínios rítmico e de alturas, cujos elementos são então codificados de acordo com os respectivos alfabetos;

3. Transcrição das linhas abstraídas de cada domínio, considerando os segmentos previamente identificados, formando assim *palavras-contornos* (c-palavras) e *palavras-ritmos* (r-palavras), separadas pelo sinal de pontuação adotado nos dois alfabetos. A conjunção de c-palavras e r-palavras forma estruturas de mais alto nível denominadas, respectivamente, *c-sentenças* e *r-sentenças*.

Um exemplo do processo de FM é apresentado na Figura 1.9.

---

[22]Como já discutido, essa tarefa é normalmente fácil, porém pode esbarrar em obstáculos resultantes de construções ambíguas, tornando-se mais subjetiva. O processo pode ser facilitado em canções, já que o sentido do texto geralmente se ajusta à segmentação melódica.

O Modelo de Filtragem Melódica

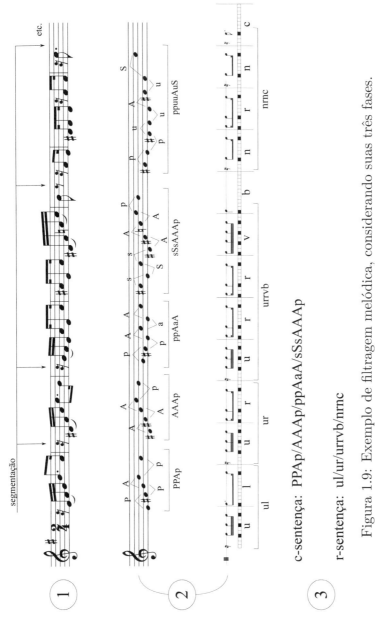

Figura 1.9: Exemplo de filtragem melódica, considerando suas três fases.

Três importantes observações gerais emergem do caso exemplificado:

- Enquanto as c-palavras denotam claramente o número de articulações presentes num dado segmento – que será sempre igual ao número de c-letras mais uma unidade –, tal correspondência não se observa diretamente nas r-palavras, tendo em vista que as r-letras podem ter cardinalidades variáveis (zero a seis elementos). Disso resulta a discrepância de números de elementos dessas estruturas em um dado segmento, que, contudo, sempre serão condizentes no aspecto que importa, o da cardinalidade. Compare, por exemplo, as palavras iniciais da Figura 1.9: <PPAp> (quatro c-letras, cinco articulações) e <ul> (duas r-letras, cinco ataques);

- Com o intuito de enfatizar suas autonomias, as palavras são inequivocamente tratadas no modelo como unidades de significado (semelhantemente ao que acontece a palavras textuais). Sendo assim, intervalos entre palavras contíguas não são registrados (seja em c-letras, seja em r-letras), provocando nova abstração e, subsequentemente, perdas adicionais de informação (as distâncias reais nos campos das alturas e das durações entre os segmentos), reforçando a constatação de que tais reduções são inerentes ao processo almejado de generalização;

- O modelo FM, em suma, produz descrições *genéricas* de melodias como sequências de segmentos de contorno relativamente precisos (as c-palavras) e de pontos de ataque rítmicos (as r-palavras), que podem ser vistas em conjunto ou catalogadas separadamente, de modo a evidenciar eventuais padrões recorrentes em ação nos repertórios analisados. O modelo busca inicialmente, a partir de metodologia analítica específica, armazenar essas sequências, bem como seus elementos constituintes (a partir da análise). Em fase posterior, acontece a computação estatística dos dados coletados e armazenados,

O Modelo de Filtragem Melódica

visando a evidenciar a recorrência de padrões que possam caracterizar aspectos estilísticos e preferências composicionais.

Em princípio, um aparente obstáculo pode ser evocado, a saber, as dimensões gigantescas dos léxicos que poderiam ser formados com c- e r-palavras, a partir de processos combinatórios referentes aos seus respectivos alfabetos. A Figura 1.10 evidencia a raiz desse problema através de um gráfico semilogarítmico: o eixo x dispõe as cardinalidades de palavras (ou seja, o número de letras), enquanto o eixo y (calibrado em escala logarítmica, devido às grandes magnitudes envolvidas) quantifica as alternativas. As quantidades de palavras possíveis em ambos os domínios, de alturas e de ritmo, aumentam exponencialmente, já que elas podem ser modeladas pela fórmula: q^n, onde q é a cardinalidade do alfabeto em questão (7 c-letras e 26 r-letras) e n é o número de letras considerado.

O gráfico (que considera palavras com cardinalidade entre 1 e 10) demonstra claramente como seria inviável uma tentativa de catalogação em léxicos (especialmente no caso rítmico) dessas combinações. Na verdade, assim como acontece com o alfabeto latino em relação a palavras de um idioma, apenas uma diminuta parcela das combinações possíveis de letras (a 2, 3, 4 etc.) resulta em palavras bem formadas (ou seja, de uso no idioma). É perfeitamente possível (e muito plausível) considerar que uma situação semelhante ocorrerá na aplicação do modelo na análise do repertório jobiniano. Voltarei ao assunto no próximo capítulo, na avaliação dos dados apurados.

Por fim, creio ser pertinente dedicar alguns comentários sobre a natureza generalizante do modelo FM. A Figura 1.11 ilustra bem esse aspecto, evidenciando como letras e palavras melódicas podem ser vistas mais como pertencentes a *classes* de elementos *equivalentes*, do que propriamente como estruturas específicas. Assim, os três trechos, ainda que consideravelmente distintos entre si, pertencem a

A melodia de Jobim

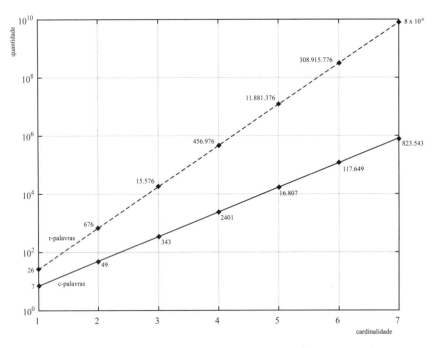

Figura 1.10: Quantidades de c-palavras (linha cheia) e r-palavras (linha tracejada), considerando cardinalidades de 1 a 7.

uma mesma «família», a partir do compartilhamento de uma única descrição melódica abstrata, definida pela conjunção das *sentenças* Saap/Pspp (alturas) e jajb/bepb (ritmo). Observe especialmente como a filtragem normaliza as distinções básicas de tonalidade e contexto métrico, além das mais específicas, relacionadas aos intervalos precisos das diferentes c-letras e das durações das r-letras. Por último, o processo de abstração torna indiferentes as distâncias (intervalares e temporais) entre as palavras.

Em suma, o aparato do modelo FM visa à identificação e à classificação de estruturas abstratas melódicas (r-letras, c-letras,

O Modelo de Filtragem Melódica

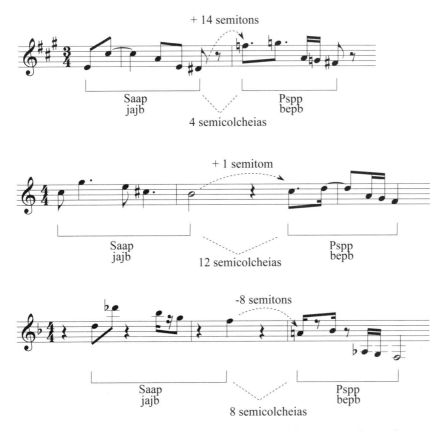

Figura 1.11: Exemplo de filtragem melódica, considerando suas três fases.

r-palavras e c-palavras) a partir de um processo prévio de segmentação. A coleta e o armazenamento desses dados permitem sua posterior avaliação estatística e uma eventual detecção de padrões que, por hipótese de estudo, podem se tornar marcadores de estilo.

2
O processo analítico

Neste breve capítulo, apresentarei as melodias selecionadas para a análise, subdivididas em quatro subgrupos, bem como os critérios analíticos básicos, a metodologia, os parâmetros e as métricas de avaliação.

2.1 O *corpus* de análise e seus subgrupos

Um total de 172 peças, compostas por Jobim e eventuais parceiros, foi selecionado para análise pelo modelo FM. Uma primeira clivagem separou obras gravadas e publicadas de outras inéditas,[1] registradas apenas em manuscritos do compositor.[2]

Devido à existência de registros precisos sobre datas de composição e/ou estreias, o grupo das 117 obras publicadas[3] que foram selecionadas para análise foi subdividido em três subgrupos: (1) Fase pré-Bossa Nova (37 peças, Figura 2.1), (2) Fase Bossa Nova

---

[1] No sentido particular proposto na introdução, bem entendido.
[2] As transcrições de 16 dessas peças, empregadas como exemplos ao longo do livro, encontram-se no apêndice.
[3] Suas partituras encontram-se disponíveis na *homepage* do Instituto Antonio Carlos Jobim: <https://www.jobim.org/>.

(43 peças, Figura 2.2), e (3) Fase pós-Bossa Nova (34 peças, Figura 2.3).

As demais 55 composições formam o subgrupo homogêneo das obras inéditas[4] que, no processo analítico, serão consideradas como uma espécie de grupo de controle.

---

[4] A grande maioria dos manuscritos não contém informações sobre datas de composição, o que impede uma classificação cronológica, como nos demais subgrupos. Como, além disso, apenas alguns deles foram intitulados por Jobim, não há ainda um sistema eficaz de identificação, o que está sendo planejado para um trabalho futuro, dedicado a um exame detalhado e sistemático desse precioso material. Provisoriamente, as peças selecionadas para exame serão rotuladas como «mJ-X», ou seja, «manuscrito Jobim de número X». A numeração seguirá uma ordem sequencial, à medida que os exemplos sejam introduzidos nos capítulos.

O processo analítico

TÍTULO	COMPOSITOR	TÍTULO	COMPOSITOR	TÍTULO	COMPOSITOR
A chuva caiu	Jobim & Luis Bonfá	*Foi a noite*	Jobim & Newton Mendonça	*O que vai ser de mim?*	Jobim
As praias desertas	Jobim	*Frase perdida*	Jobim & Marino Pinto	*Pensando em você*	Jobim
Aula de matemática	Jobim & Marino Pinto	*Incerteza*	Jobim & Newton Mendonça	*Samba não é brinquedo*	Jobim & Luis Bonfá
Cala, meu amor	Jobim & Vinicius de Moraes	*Janelas abertas*	Jobim & Vinicius de Moraes	*Se é por falta de adeus*	Jobim & Dolores Duran
Caminho de pedra	Jobim & Vinicius de Moraes	*Lamento no morro*	Jobim & Vinicius de Moraes	*Se todos fossem iguais a você*	Jobim & Vinicius de Moraes
Caminhos cruzados	Jobim & Newton Mendonça	*Luar e batucada*	Jobim & Newton Mendonça	*Só saudade*	Jobim & Newton Mendonça
Canção do amor demais	Jobim & Vinicius de Moraes	*Luciana*	Jobim & Vinicius de Moraes	*Solidão*	Jobim & Alcides Fernandes
É preciso dizer adeus	Jobim & Vinicius de Moraes	*Mágoa*	Jobim & Marino Pinto	*Sonho desfeito*	Jobim, Armando Cavalcanti & Paulo Soledade
Engano	Jobim & Luis Bonfá	*Maria da Graça*	Jobim & Vinicius de Moraes	*Sucedeu assim*	Jobim & Marino Pinto
Estrada branca	Jobim & Vinicius de Moraes	*Modinha*	Jobim & Vinicius de Moraes	*Tereza da praia*	Jobim & Billy Blanco
Eu e o meu amor	Jobim & Vinicius de Moraes	*Mulher, sempre mulher*	Jobim & Vinicius de Moraes	*Teu castigo*	Jobim & Newton Mendonça
Faz uma semana	Jobim & João Stockler	*Não devo sonhar*	Tom Jobim & Helena Jobim	*Um nome de mulher*	Jobim & Vinicius de Moraes
				Vem viver ao meu lado	Jobim & Alcides Fernandes

Figura 2.1: Canções da fase pré-Bossa Nova.

A melodia de Jobim

TÍTULO	COMPOSITOR	TÍTULO	COMPOSITOR	TÍTULO	COMPOSITOR
A felicidade	Jobim & Vinicius de Moraes	Desafinado	Jobim & Newton Mendonça	Isso eu não faço não	Jobim
Acho que sim	Jobim & Billy Blanco	Dindi	Jobim & Aloysio de Oliveira	Meditação	Jobim & Newton Mendonça
Água de beber	Jobim & Vinicius de Moraes	Discussão	Jobim & Newton Mendonça	Na hora do adeus	Jobim & Vinicius de Moraes
Amor sem adeus	Jobim & Luis Bonfá	Domingo azul do mar	Jobim & Newton Mendonça	O amor em paz	Jobim & Vinicius de Moraes
Bonita	Jobim, Genes Lee & Ray Gilbert	Ela é carioca	Jobim & Vinicius de Moraes	O nosso amor	Jobim & Vinicius de Moraes
Brigas nunca mais	Jobim & Newton Mendonça	Esperança perdida	Jobim & Billy Blanco	O que tinha de ser	Jobim & Vinicius de Moraes
Cai a tarde	Jobim	Esse seu olhar	Jobim	Pelos caminhos da vida	Jobim & Vinicius de Moraes
Canção da eterna despedida	Jobim & Vinicius de Moraes	Estrada do sol	Jobim & Dolores Duran	Perdido nos teus olhos	Jobim & Newton Mendonça
Canção em modo menor	Jobim & Vinicius de Moraes	Eu preciso de você	Jobim & Aloysio de Oliveira	Por causa de você	Jobim & Dolores Duran
Canta, canta mais	Jobim & Vinicius de Moraes	Eu sei que vou te amar	Jobim & Vinicius de Moraes	Samba de uma nota só	Jobim & Newton Mendonça
Chega de saudade	Jobim & Vinicius de Moraes	Fotografia	Jobim	Samba do avião	Jobim
Corcovado	Jobim	Frevo	Jobim & Vinicius de Moraes	Samba torto	Jobim
De você eu gosto	Jobim & Aloysio de Oliveira	Garota de Ipanema	Jobim & Vinicius de Moraes	Só danço samba	Jobim & Vinicius de Moraes
Demais	Jobim & Aloysio de Oliveira	Insensatez	Jobim & Vinicius de Moraes	Só tinha de ser com você	Jobim & Aloysio de Oliveira
Derradeira primavera	Jobim & Vinicius de Moraes	Inútil paisagem	Jobim & Aloysio de Oliveira	Velho riacho	Jobim
				Vivo sonhando	Jobim

Figura 2.2: Canções da fase Bossa Nova.

O processo analítico

TÍTULO	COMPOSITOR	TÍTULO	COMPOSITOR	TÍTULO	COMPOSITOR
Absolute Lee	Jobim	*Gabriela*	Jobim	*Pois é*	Jobim & Chico Buarque
Águas de março	Jobim	*Ligia*	Jobim	*Querida*	Jobim
Ai quem me dera	Jobim & Marino Pinto	*Luiza*	Jobim	*Rodrigo, meu capitão*	Jobim & Ronaldo Bastos
Ana Luiza	Jobim	*Maria é dia*	Tom Jobim, Paulo Jobim & Ronaldo Bastos	*Sabiá*	Jobim & Chico Buarque
Angela	Jobim	*Oficina*	Jobim	*Samba de Maria Luiza*	Jobim
Bebel	Jobim	*Olha Maria*	Jobim, Vinicius de Moraes & Chico Buarque	*Senhora dona Bibiana*	Jobim & Ronaldo Bastos
Borzeguim	Jobim	*Olha pro céu*	Jobim & Newton Mendonça	*Triste*	Jobim
Chora coração	Jobim & Vinicius de Moraes	*O rio da minha aldeia*		*Two kites*	Jobim
Chovendo na roseira	Jobim	*O boto*	Jobim & Jararaca	*Trem de ferro*	Jobim & Manuel Bandeira
Dinheiro em penca	Jobim	*Passarim*	Jobim	*Você vai ver*	Jobim
Falando de amor	Jobim	*Piano na Mangueira*	Jobim & Chico Buarque	*Um certo capitão Rodrigo*	Jobim & Ronaldo Bastos
				Wave	Jobim

Figura 2.3: Canções da fase pós-Bossa Nova.

2.2 Critérios de formatação

Cada peça selecionada foi tratada de acordo com o seguinte protocolo:

- Transcrição da melodia como arquivo XML, considerando seu material essencial. Isso significa apenas a forma nominal da peça (ou seja, os trechos notados nas partituras referenciais),[5] excluindo-se repetições da forma (como ritornelos, indicações *Da capo* ou *Dal segno* etc.). De maneira idêntica, são desconsiderados introduções, interlúdios, codas (quase sempre instrumentais) e outros segmentos que se associam mais a intervenções dos arranjadores. O propósito principal dessa estratégia é concentrar-se nos elementos particulares e caracterizadores de cada peça. Nesse sentido, levar em conta repetições e elementos adicionais poderia mascarar os resultados, já que as composições apresentam bastante diversidade em termos formais e de extensão ao longo do repertório;[6]

- Segmentação da melodia, através da inclusão de um sinal de separação na partitura anteriormente preparada. Para isso,

---

[5]Como em *A harmonia de Jobim*, o texto de referência origina-se no *Cancioneiro Jobim*, publicado pelo Instituto Antonio Carlos Jobim.

[6]É preciso mencionar que, eventualmente, foi necessário reescrever rítmica e metricamente uma dada melodia em compasso binário, visto ter sido originalmente escrita na fórmula 2/2 (também designada *alla breve*). Decidi normalizar tais casos, transcrevendo-os para a fórmula – também binária – 2/4, de uso mais recorrente na música popular brasileira. Considero que a opção original por 2/2 derive de uma estratégia comercial, visando a uma maior divulgação e disseminação das partituras para o público estrangeiro (especialmente norte-americano), em geral pouco familiarizado com a leitura em 2/4. Minha decisão metodológica, portanto, visa essencialmente à padronização e, especialmente, a evitar dupla interpretação que poderia, eventualmente, mascarar os resultados estatísticos. Além disso – o que vem sustentar minha decisão –, observei nos manuscritos inéditos de Jobim uma preponderância quase total da métrica 2/4 (entre poucos casos de peças em 3/4, 6/8 ou 4/4) e a inexistência de composições em 2/2.

O processo analítico

foi convencionado o emprego de uma altura bem aguda (que, portanto, dificilmente seria confundida com uma das alturas da própria melodia), a saber, Mi$_5$. Esse «sinal de pontuação» é acrescentado após a conclusão de cada segmento, a partir da interpretação do(a) analista. Como já discutido no capítulo anterior, essa fase é de capital importância para as etapas posteriores e, portanto, precisa ser efetivada da maneira mais ponderada possível (especialmente nos casos em que há ambiguidade). A Figura 2.4 ilustra como o processo de segmentação é implementado, tomando como exemplo a melodia da Figura 1.9. Os sinais (Mi$_5$) são aplicados em uma pauta adicionada abaixo da pauta da melodia. Observe como as durações dessas notas-sinais não são relevantes, apenas suas posições métricas, sempre *após* o último ataque de cada c/r palavra identificada;

- Armazenamento da versão segmentada da melodia como arquivo em formato MIDI. Esse arquivo é então aberto em um programa computacional especialmente criado para a tarefa, o qual retorna uma *c-sentença* (ou seja, uma sequência de c-palavras segmentadas), correspondente à transcrição da organização de alturas da melodia analisada;

Figura 2.4: Segmentação do trecho melódico hipotético da Figura 1.9.

- Codificação rítmica, feita pelo(a) analista,[7] na qual a sequên-

---

[7]A inicialmente almejada automatização da codificação rítmica esbarrou em obstáculos operacionais, o que levou a essa solução alternativa.

cia dos ritmos da melodia é transcrita como uma *r-sentença* (sequência de r-palavras segmentadas), apresentada em formato XLS. Ambas as sentenças são então armazenadas para futuro processamento estatístico. A Figura 2.5 esquematiza os dois processos de codificação.

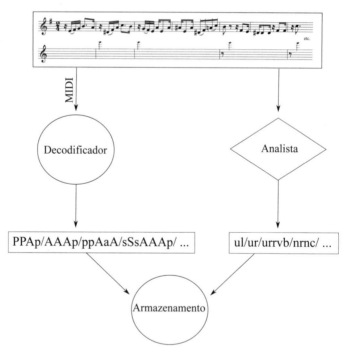

Figura 2.5: Representação do processo básico de codificação e armazenamento dos dados.

2.3 Métricas e parâmetros de avaliação dos dados

Esta seção introduz o conjunto de parâmetros, métricas e critérios – alguns específicos a cada domínio, outros gerais – que são empregados na avaliação estatística dos dados apurados nas análises melódicas. Tais elementos são descritos nas próximas subseções.

2.3.1 Parâmetros do subdomínio das alturas

Neste domínio, são levados em conta os seguintes parâmetros:

1. Distribuição das c-letras: a ser apresentada em um gráfico de barras, contemplando a distribuição percentual de cada uma das sete c-letras (A, a, P, p, S, s, u) ao longo do repertório. Nesta avaliação não são levadas em conta as posições específicas desses elementos nas respectivas c-palavras, apenas suas frequências de ocorrência;

2. Distribuição geral das c-palavras: devido à expectativa da aparição de um grande número de c-palavras, apenas as 10 mais recorrentes serão apresentadas, juntamente com seus valores percentuais;

3. Distribuição das c-palavras em função das cardinalidades: neste caso, as unidades são agrupadas de acordo com o número de c-letras que contêm;

4. Índice de economia intervalar (iE): métrica que busca avaliar o perfil de contornos de uma c-palavra de acordo com a maior ou menor ocorrência de movimentos intervalares «econômicos» (ou *parcimoniosos*, numa acepção mais técnica). Para isso, distingo aqui as c-letras, quanto ao grau de economia intervalar, em quatro categorias: *máxima* (u), *alta* (P, p), *média* (A, a) e *baixa* (S, s). Esse índice é denotado por um

número real variando de 0 (economia nula, resultante de motivos construídos apenas por saltos) a 1 (máxima economia, advinda de uma c-palavra formada apenas por repetições de notas), tendo como principal finalidade vincular como possível marcador estilístico de um compositor a escolha das c-letras na elaboração melódica;[8]

5. Índice de economia intervalar compensada (iEc): trata-se de uma versão complementar do índice anterior, porém com uma importante diferença: ao contrário de iE, iEc leva em conta as *direções* das c-letras na avaliação das c-palavras. Como uma ilustração das duas abordagens, considere, por exemplo, as c-palavras p_1 = <AA> e p_2 = <Aa>. Ao aplicarmos os índices a ambas, teremos: $iE/p_1 = iE/p_2 = 0{,}4000$; contudo $iEc/p_1 = 0{,}6000$ e $iEc/p_2 = 1{,}0000$ (já que os movimentos iguais em sentidos contrários se compensam).

Com o intuito de demonstrar a relação de mútua complementaridade dos dois índices, a Figura 2.6 aplica ambas as métricas na avaliação das c-palavras de abertura de quatro canções.

Em *Garota de Ipanema* (Jobim e Vinicius de Moraes), Figura 2.6a, a c-palavra <uauupAu> congrega estaticidade (denotada pelas c-letras u) e movimentos relativamente discretos (p, A/a), resultando em um iE médio-alto (0,7714). Como há claramente uma alternância dessas c-letras em torno de um eixo imaginário (posicionado aproximadamente na altura Mi_3), os movimentos ascendentes e descendentes são quase neutralizados, o que resulta em um valor alto para iEc (0,9714). A seção introdutória de *Bebel* (Jobim) apresenta um comportamento bem insólito em relação ao padrão melódico típico do compositor, em geral calcado em gestos mais contidos. O trecho da análise (Figura 2.6b) é bem representativo do perfil que caracteriza essa introdução, baseando-se na alternância

---

[8] Agradeço a Max Kühn pela ideia de incorporar esse índice ao modelo.

de saltos largos. Assim, a c-palavra em questão, <Sps>, é avaliada de maneira bem divergente pelos dois índices (0,2000 / 0,7333).

Inversamente, no início de *Samba de uma nota só* (Jobim e Newton Mendonça), Figura 2.6c, ambos os índices alcançam o patamar máximo de economia intervalar (<uuuuuuu>) e, consequentemente, equilíbrio direcional (1,0000).

Por fim, a frase de abertura de *Corcovado* (Jobim), representada pela c-palavra <pPpPpP>, ilustra a situação na qual um equilíbrio perfeito (iEc = 1,0000) pode ser atingido a partir da alternância de movimentos distintos (o que gera um iE apenas mediano, igual a 0,6000).

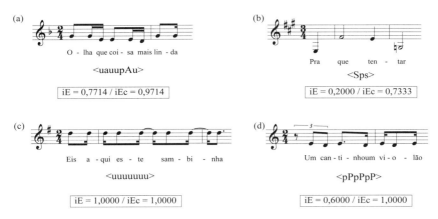

Figura 2.6: Cálculo de iE e iEc para as frases iniciais de *Garota de Ipanema* (a), *Bebel* (b), *Samba de uma nota só* (c) e *Corcovado* (d).

Na avaliação estatística, visando a comparações diversas, valores médios dos dois índices podem ser calculados, tanto por melodia individual como por fase (abrangendo as melodias dos subgrupos do *corpus*), ou ainda considerando todo o *corpus*.

2.3.2 Parâmetros do subdomínio rítmico

Analogamente, o domínio rítmico considera os seguintes parâmetros:

1. Distribuição das r-letras: contemplada em um gráfico de barras que apresenta os percentuais das frequências de ocorrência das 26 r-letras pelo *corpus*;[9]

2. Distribuição geral das r-palavras: como no domínio das alturas, evidenciada em histograma abrangendo as 10 mais recorrentes estruturas, acompanhadas por seus valores percentuais;

3. Distribuição das r-palavras em função de suas cardinalidades: semelhantemente ao que foi descrito em relação às c-palavras;

4. Perfil métrico: trata-se de um histograma que contabiliza as ocorrências (em percentuais) de ataques considerando as 12 células da grade micrométrica. Por hipótese, perfis métricos com maiores distribuições de ataques em células diferentes da número 1 (coincidindo com a «cabeça» do tempo) e da número 7 (o contratempo) são associados a gêneros musicais mais sincopados ou «dançantes» (como samba, choro, bossa nova, *jazz* etc.).[10] Configurações que privilegiem essas células, por outro lado, associar-se-iam a gêneros mais «quadrados», como marchas, por exemplo;

5. Índice de contrametricidade: valor numérico que busca estabelecer uma medida para a *contrametricidade* (no sentido

---

[9]Na verdade, como foi constatado durante o processo analítico, apenas 22 r-letras apresentaram ocorrências. Nenhuma das variantes de sextinas de semicolcheias (letras w, x, y, z) foi detectada no repertório e, portanto, serão excluídas das discussões e figuras subsequentes.

[10]A ideia de perfil métrico é livremente baseada em um esquema semelhante proposto por David Huron, em seu celebrado livro *Sweet Anticipation*, no exame do nível de sincopação em *ragtimes* compostos por Scott Joplin (Huron, 2006, pp. 300-302).

proposto por Carlos Sandroni, em seu livro *Feitiço decente*)[11] de uma r-palavra. Emprego aqui o adjetivo «contramétrico» para designar r-letras sem articulações «no tempo» (ou seja, que não apresentem ataques na célula 1 da grade micrométrica). Contrariamente, r-letras que apresentem essa característica serão denominadas «cométricas». São, assim, contramétricas as r-letras c, d, e, f, g, m, n, o, p, q, u; são cométricas as r-letras b, h, i, j, k, l, r, s, t, v.

De modo semelhante, r-palavras se diferenciam pela propriedade da contrametricidade a depender de suas configurações internas. O cálculo do índice de contrametricidade (ic) de uma r-palavra leva em conta as seguintes condições: (a) finalização: se a última r-letra é *b*, a palavra é penalizada em 3 pontos;[12] (b) início: a r-palavra é penalizada em 1 ponto adicional caso também comece com *b*; (c) para cada r-letra cométrica na r-palavra (que não seja *b*, inicial ou final) uma penalidade adicional de 0,5 ponto é adicionada. Por fim, o total de penalidades é dividido pela cardinalidade da r-palavra e o resultado é subtraído de 1.

Considere como exemplos as palavras p1 <ejjjb> e p2 <nrnntc>. No caso de p1 (cardinalidade 5), a r-letra final é b (penalidade = 3), contando com quatro outras r-letras cométricas $(4 \times 0,5 = 2)$. Assim, teremos

$$ic = 1 - \frac{(3+2)}{5} = 0,00$$

Ou seja, contrametricidade mínima. Já para p2 (cardinalidade 6), a penalidade contabiliza apenas duas r-letras inter-

---
[11]Sandroni (2001).
[12]Essa penalidade advém do fato de que a r-letra b é a única que corresponde a um ataque plenamente cométrico, soando como um apoio métrico maximamente estável.

mediárias cométricas (r, t), totalizando 1 ponto. Aplicando a fórmula, observamos a alta contrametricidade de p2:[13]

$$ic = 1 - \frac{(1)}{6} \approx 0,83$$

Como mencionado anteriormente, em relação aos índices iE e iEc, valores médios ic poderão ser calculados na avaliação dos *corpora* individuais e combinados.

O índice pode também ser aplicado para avaliar r-palavras individuais, como a configuração rítmica de trechos de peças (ou de peças completas).[14] Seleciono para ilustrar esse aspecto uma canção na qual a diferenciação entre cometricidade e contrametricidade tem um papel central na estrutura: *Samba de uma nota só*, de Jobim e Newton Mendonça.[15] A Figura 2.7 apresenta os índices ic calculados para as duas r-palavras que formam a primeira frase da seção A e para as três r-palavras da frase inicial da seção B, bem como seus valores médios.

2.3.3 Parâmetros gerais

Estes abrangem os dois domínios ou são indiferentes a distinções entre eles:

---

[13] Considerando que a contrametricidade máxima corresponde a ic = 1,00.

[14] Bem como, em níveis superiores, de um determinado repertório (visando a uma comparação com outros), ou ainda de todo o *corpus*, como será feito na análise estatística dos dados, no próximo capítulo.

[15] No caso, ritmos contraméticos são empregados na primeira seção da peça («Eis aqui este sambinha feito numa nota só...») para enaltecer metaforicamente as virtudes de «sinceridade», «modernidade» e «concisão» do protagonista, em oposição aos atributos de «frivolidade», «reacionarismo» e «prolixidade» de seus pretensos rivais, associados, na letra, à seção central («Tanta gente existe por aí...»), versos que têm perfil bem mais cométrico. Outros elementos da estrutura musical também atuam nessa distinção. Para uma análise aprofundada sobre a relação entre texto e música nessa canção, ver Almada (2022, pp. 295-308).

O processo analítico

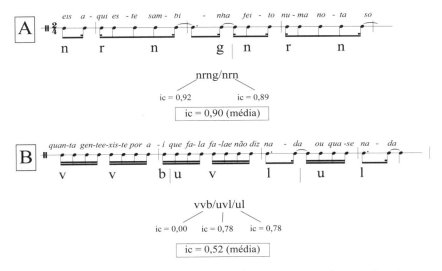

Figura 2.7: Cálculo de ic para as frases iniciais das seções A e B de *Samba de uma nota só*.

1. Distribuição das c/r palavras (isto é, abarcando qualquer das duas categorias) de acordo com o número de eventos: apresenta-se como um gráfico de barras que contempla a frequência de ocorrência percentual das palavras em função de suas cardinalidades;

2. Distribuição das c/r sentenças de acordo com suas extensões em números de palavras: trata-se também de um gráfico de barras que traz as frequências de ocorrência percentual de sentenças (ou seja, abrangendo as melodias como unidades) em função do número de c/r palavras que contêm;

3. Índice de diversidade interna de c/r palavras (id): valor calculado como a razão entre o número de c/r letras distintas em uma palavra e sua cardinalidade (isto é, considerando eventuais repetições). Por exemplo, a palavra <aPPsuaA> (cardinalidade 7), que contém cinco c-letras distintas (a, P, s, u,

A), tem o índice de diversidade:

$$id = \tfrac{5}{7} = 0{,}71$$

4. Entropia: trata-se de uma métrica que, essencialmente, busca quantificar a medida de *incerteza* de um determinado evento (c/r letras, no presente caso), em relação ao próximo evento da sequência. A ideia do conceito surgiu para seu criador, o engenheiro elétrico norte-americano Claude Elwood Shannon (1916-2001), a partir de um problema associado à transmissão e à recepção de dados por via remota (telégrafo, por exemplo).[16] Shannon estava especialmente preocupado com a eventual perda de informações em mensagens, e também como elas poderiam ser, de alguma maneira, reconstruídas em sua recepção. Ele observou que certas letras do alfabeto, se comparadas com outras, no contexto de um dado idioma, criam expectativas mais altas para suas continuações. É o caso, por exemplo, da letra *q*, em um texto em português, que muito provavelmente será seguida por *u*. Dizemos então que ela tem baixa incerteza, ou, nos termos de Shannon, *baixa entropia*. Por outro lado, se considerarmos, digamos, a letra *a*, perceberemos que ela pode ser seguida por muitas outras letras, em razões de probabilidade muito parecidas. Diz-se, então, que a letra *a* é um evento de alta incerteza ou de *alta entropia*. A quantificação dessa grandeza é efetivada através de uma fórmula matemática, conhecida como Equação de Shannon-Weaver:[17]

$$H = - \sum_{i=1}^{n} p_i \log_2(p_i)$$

Onde H é a entropia e p_i é a probabilidade de ocorrência do

---

[16]Para maiores detalhes, ver Shannon (1948).

[17]Essa equação é considerada a base da Teoria da Informação.

O processo analítico

iésimo evento.[18] Como o cálculo da entropia envolve números muito baixos, menores do que 1 (ou seja, as probabilidades), a função logarítmica se torna um recurso bastante útil. A escolha da base 2 para o logaritmo, por sua vez, permite que entropias sejam medidas em *bits*, como veremos.

Sendo a música um fenômeno que se desenvolve no tempo e que tem na expectativa da continuidade dos eventos a base para sua própria apreciação e compreensão, não é de admirar que o artigo de Shannon, poucos anos após sua publicação, tenha inspirado estudos semelhantes adaptados ao contexto das teorias em música. Leonard Meyer foi o pioneiro nesse campo, combinando as ideias de entropia e de estilo composicional. Para Meyer, ambos os conceitos seriam fortemente correlacionados (o que embasa, aliás, a hipótese central da pesquisa sobre Jobim), visto que as escolhas de um determinado compositor (sejam elas harmônicas, melódicas, formais etc.), diante de um vasto universo de alternativas possíveis, acabam por forjar uma espécie de «leito de rio», no qual as probabilidades de continuações, em maior ou menor medida, são consolidadas.[19] Em suma, tais estudos se apoiam no fato de que determinados eventos musicais têm maior propensão a continuidades do que outros, o que se pode atribuir tanto a normas da linguagem musical, compartilhada por muitos compositores em um determinado contexto, quanto a prefe-

---

[18] A equação é aqui apresentada apenas por uma questão informativa. Não é necessário, na verdade, que nos aprofundemos em sua natureza matemática, já que os cálculos, no que se refere ao presente trabalho, serão automatizados por meios computacionais. Bastará, portanto, ao leitor entender o sentido primordial do uso da entropia, como uma possível medida – em última instância – de características estilísticas.

[19] Para detalhes sobre o pensamento do autor, ver Meyer (1957). Recomendo ainda, para aqueles que se interessarem em se aprofundar no assunto, os seguintes trabalhos: Youngblood (1958), Hiller & Bean (1966), Hiller & Fuller (1967), Knopoff & Hutchinson (1983), Manzara; Witten & James (1992), Loy (2006), Huron (2006) e Temperley (2007).

rências idiossincráticas, específicas de um compositor (diferentemente de outros). Para o primeiro caso, considere por exemplo uma nota cromática em uma determinada tonalidade (digamos, Fá♯ em Dó maior), cuja expectativa de continuação é alta para a nota Sol (ou seja, cromatismos têm inerentemente baixa entropia). Já o próprio Sol, por ser uma nota diatônica, tem uma entropia média comparativamente mais alta.

O segundo caso pode ser observado, por exemplo, em um emprego por um compositor A de uma sequência harmônica inusitada (em comparação às práticas de outros compositores, B, C, D, ...). Se esse uso se torna de alguma maneira recorrente, pode constituir uma espécie de marca registrada, ou maneirismo particular que – no contexto das obras do compositor A – acaba por se configurar como um evento de baixa entropia, cristalizando-se como um marcador estilístico, por assim dizer.

A aplicação do conceito de entropia na harmonia de Jobim foi tema de um artigo recente, escrito em coautoria por mim e pelo matemático Hugo Carvalho.[20] O mesmo aparato metodológico elaborado para a avaliação da entropia de acordes, como é descrito nesse artigo, passa a ser também empregado – com as devidas adaptações – na avaliação das c/r letras no contexto do modelo FM.

---

[20] Almada & Carvalho (2022).

3
Discussão dos resultados

A aplicação da metodologia na análise do *corpus* jobiniano resultou numa grande massa de dados, que serão aqui apresentados, comparados e discutidos.

As seções e subseções que formam este capítulo contemplam os parâmetros anteriormente descritos, considerando seus comportamentos nos quatro repertórios isolados – pré-Bossa Nova (*BN), Bossa Nova (BN), pós-Bossa Nova (BN*) e as peças inéditas (ci) –, bem como suas duas combinações – o *corpus* de obras publicadas (cp) e o repertório completo, nomeado *corpus* Jobim (cJ). Por questões de clareza e concisão, os conjuntos serão, a partir deste ponto, identificados preferencialmente por suas abreviaturas.

3.1 Subdomínio das alturas

3.1.1 Distribuição das c-letras

A Figura 3.1 apresenta a distribuição das sete c-letras consideradas nos quatro repertórios individuais, *BN, BN, BN* e ci.

A melodia de Jobim

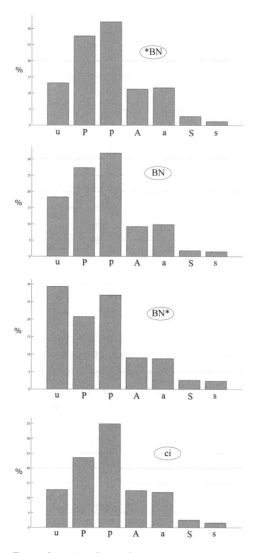

Figura 3.1: Distribuição das c-letras nos repertórios isolados.

Discussão dos resultados

A despeito de flutuações percentuais, observa-se uma quase unanimidade na hierarquia das c-letras, com uma única exceção, a predominância, na fase BN*, de u em relação a s (a menos recorrente nos demais repertórios), uma peculiaridade significativa que merece estudos específicos futuros.

A distribuição nos *corpora* unificados é mostrada na Figura 3.2, consolidando a configuração predominante nos repertórios individuais, que pode ser representada pela sequência: $p > P > u > a/A > S > s$.[1]

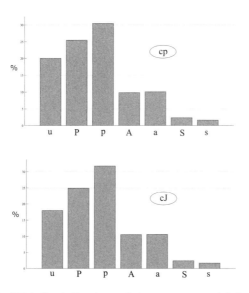

Figura 3.2: Distribuição das c-letras no repertório publicado (cp) e no conjunto completo (cJ).

---

[1]Como parte do conjunto de hipóteses da pesquisa, esse tipo de configuração pode refletir preferências particulares na construção das topologias melódicas por parte de um compositor. A confirmação dessa hipótese requer a extensão da análise a outros repertórios, o que está nos planos futuros desta pesquisa.

3.1.2 Entropia das c-letras

Outro interessante aspecto a observar em relação às c-letras diz respeito às suas entropias, ou, como já mencionado, aos níveis de «incerteza» ou expectativa em relação às suas continuações. A Tabela 3.1 apresenta as entropias (H) calculadas para cada uma delas nos seis conjuntos de peças, incluindo, em cada caso, a mais provável continuação. Aqui também observamos uma considerável consistência não apenas nos valores medidos (oscilando entre 1,8 e 2,7 bits), mas também nas continuações mais prováveis, envolvendo as c-letras u, A, a, P e p. Curiosamente, apenas os saltos (S, s) apresentam alternativas diferentes.

Discussão dos resultados

Tabela 3.1: Entropia (H) e mais prováveis continuações para as c-letras nos seis conjuntos de peças.

c-letra	*BN H	*BN cont.	BN H	BN cont.	BN* H	BN* cont.	ci H	ci cont.	cp H	cp cont.	cJ H	cJ cont.
u	2,3232	u	1,8446	u	2,2700	u	2,1943	u	2,1624	u	2,1889	u
A	2,6338	p	2,5854	p	2,6279	p	2,4965	P	2,6462	P	2,6173	P
a	2,5734	P	2,6495	P	2,648	P	2,5582	P	2,6513	P	2,6418	P
P	2,4817	P	2,3717	P	2,5633	P	2,4964	P	2,4822	P	2,4893	P
p	2,3550	p	2,3044	p	2,4808	p	2,4096	p	2,4019	p	2,4088	p
S	2,3761	s	1,898	p	2,4076	u	2,2758	p	2,4116	p	2,3912	p
s	2,4962	A	2,2186	A	2,3527	u	2,4464	P	2,4624	A	2,4767	A/S

A Figura 3.3 apresenta, em formato de grafo, as relações de prováveis continuações referentes ao repertório completo. De um certo modo, o esquema justifica a proeminência da c-letra p (ver Figuras 3.1 e 3.2), já que é a única que se mostra como mais provável continuação de três outras (ela própria, A e S).[2]

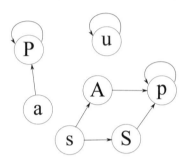

Figura 3.3: Grafo de relações entre c-letras contíguas, considerando o repertório completo (cJ).

3.1.3 Distribuição das c-palavras

Quanto às c-palavras, a análise nos faz concluir que há uma considerável dispersão, se comparamos, a cada repertório, as unidades distintas com o total de alternativas empregadas: na média, a relação é um pouco menor do que 2:1, como mostra a Tabela 3.2. Por outro lado, chama a atenção a consistência dos três índices de medição, iD, iE e iEC.

---

[2]Interessantemente, esta última relação reforça a instrução conhecida por estudantes de contraponto, que determina que um salto ascendente deve ser compensado por um movimento descendente por grau conjunto (ou seja, p).

Tabela 3.2: Avaliação das c-palavras considerando os seis conjuntos.

	*BN	BN	BN*	ci	cp	cJ
total de c-palavras	536	722	609	748	1867	2615
c-palavras distintas	350	414	362	566	1064	1630
índice de diversidade (iD)	0,52	0,53	0,54	0,54	0,53	0,53
índice de economia intervalar (iE)	0,52	0,53	0,54	0,54	0,53	0,53
índice de economia compensada (iEC)	0,89	0,90	0,88	0,89	0,89	0,89

Tabela 3.3: As 10 c-palavras mais comuns nos seis conjuntos, em números de ocorrência.

*BN		BN		BN*		ci		cp		cJ	
11	PPPPPApauuu	11	psA	12	pppp	9	Pa	16	pppp	20	pppp
10	PPppA	11	ppPa	9	us	7	Aaup	15	pPp	19	pPp
7	AppA	11	auupA	8	pp	6	pPpa	14	pa	17	pa
5	pa	11	PPppp	8	pPp	5	ap	14	PPppp	17	PPppp
5	pPpA	11	PPPPpppu	7	uuuPPu	5	A	12	PPppA	16	PPP
5	aPPa	8	pa	7	Puuuu	4	upupu	12	PPP	15	pp
5	PPpppp	8	PpP	6	auAuauAuausu	4	upppp	12	PP	13	PPppA
5	PP	8	PPP	6	Sps	4	pppp	11	psA	13	A
5	App	7	ppppPPAsSp	6	PP	4	pppPa	11	ppPa	12	Pa
4	uupPA	7	papP	6	Auupupup	4	pp	11	pp	12	PP

Discussão dos resultados

A Tabela 3.3 apresenta as 10 c-palavras mais comuns nos seis conjuntos considerados. Observa-se aqui uma comprovação do caráter dispersivo das c-palavras, o que é evidenciado por suas relativamente baixas ocorrências e pela considerável diversidade (poucas delas são recorrentes em mais de dois repertórios). Essa circunstância sugere que, em Jobim, seria característico o emprego de uma grande maleabilidade no trato das melodias, o que provavelmente pode estar associado a movimentos imprevistos nas linhas (o que, informalmente, é possível constatar em diversas de suas músicas), contribuindo para a formatação de seu estilo.

Isso fica ainda mais evidente com a constatação de que não há uma única c-palavra que conste em todos os quatro repertórios individuais (*BN, BN, BN* e ci). Há apenas 14 c-palavras distintas (0,8% do total) que estão presentes em três deles,[3] e 65 (3,8%) em dois repertórios. A imensa maioria (mais de 95%) ocorre em apenas um.

3.2 Subdomínio do ritmo

3.2.1 Distribuição das r-letras

A Figura 3.4 apresenta os gráficos de barra referentes à distribuição das r-letras nos quatro repertórios isolados.[4]

A comparação desses gráficos permite tirar diversas conclusões:

- A r-letra b é a mais recorrente do alfabeto rítmico, em todos os repertórios, exceto no conjunto BN*, no qual j (o par de colcheias) predomina (tendo b no segundo posto). Isso se

---

[3]Oito delas contendo a c-letra p, o que é um elemento de interesse. Algumas delas: <ppppP>, <pppp>, <pa>, <pPp> etc.

[4]De modo a facilitar a identificação, as r-letras a, b e aquelas obtidas pelo subdivisor 4 (ou seja, variantes de fórmulas em semicolcheias) são associadas a barras acinzentadas, enquanto aquelas resultantes da divisão do tempo por 3 (fórmulas quialteradas) são associadas a barras brancas.

justifica pelo fato de que essa letra corresponde ao ataque único no tempo, normalmente empregado em finalizações;

- Também é notável a recorrência de n (correspondendo a dois ataques, na segunda e na quarta semicolcheias) em todos os conjuntos, especialmente na fase Bossa Nova, em que alcança cerca de 15% das ocorrências (e supera a sempre massiva presença de j – o par de colcheias –, o único caso entre os seis conjuntos). A r-letra n pode ser considerada uma espécie de arquétipo de sincopação característica do samba (e da bossa nova, por extensão). Isso é perfeitamente consistente com o perfil rítmico das canções desse período jobiniano.[5]

---

[5] Por exemplo, em *Samba de uma nota só*, *Samba do avião*, *Desafinado*, *Garota de Ipanema*, *Água de beber*, *Só danço samba* etc.

Discussão dos resultados

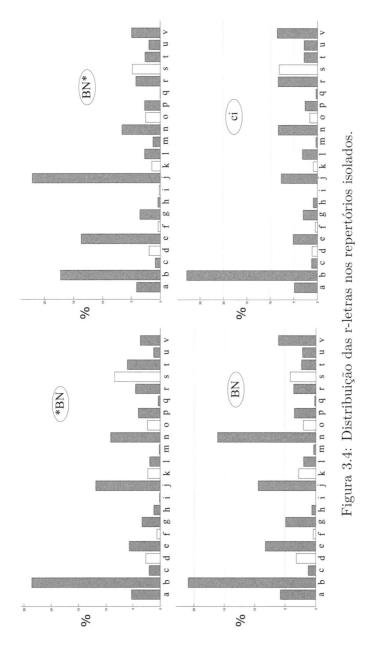

Figura 3.4: Distribuição das r-letras nos repertórios isolados.

- Em contrapartida, *s* (o grupo de três tercinas) se apresenta também como um marcador estilístico, pois tal r-letra está normalmente associada a gêneros menos sincopados, como boleros e sambas-canções, mais característicos da fase inicial de Jobim. De fato, no repertório *BN, essa r-letra alcança uma presença significativa, próxima a 10%.[6]

- Em todos os repertórios isolados podemos perceber que algumas r-letras têm baixíssima frequência de ocorrência; são os casos de *f, h, i, m* e *q* (ver o alfabeto A_r da Figura 1.8). Em certo sentido, tais unidades podem ser consideradas também como potenciais marcadores estilísticos em relação a obras de outros compositores, um aspecto para ser investigado em estudos futuros.

A Figura 3.5 compara os gráficos dos repertórios combinados, que apresentam diferenças de menor monta. Talvez o fator mais significativo seja a erosão, em cJ, da diferença entre as r-letras *j* e *n*, sugerindo uma maior presença média de contrametricidade nas peças inéditas.

3.2.2 Perfil métrico

Como descrito no capítulo anterior, o perfil métrico dispõe as ocorrências de ataques nos pontos referentes à grade micrométrica adotada no modelo. A Figura 3.6 traz os perfis resultantes dos quatro conjuntos isolados. De certo modo, esses dados confirmam as interpretações feitas em relação ao comportamento das r-letras. Se deixarmos de lado o ataque no ponto 1 (que é esperado para ser mesmo o mais frequente de todos, independentemente de repertório considerado) e os pontos associados ao subdivisor 3, das quiálteras (pontos 5 e 9), torna-se um elemento central de avaliação sobre a

---

[6]Um nível semelhante ao que se observa no *corpus* de obras inéditas, porém aqui (ao contrário de em *BN), *s* rivaliza com a fórmula equivalente *r*, denominada informalmente *síncope brasileira*, relativizando, assim, sua proeminência.

Discussão dos resultados

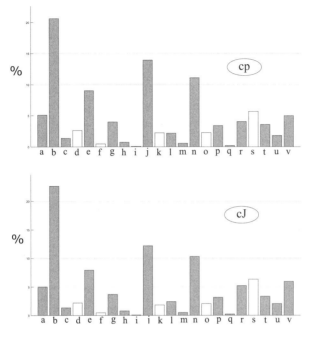

Figura 3.5: Distribuição das r-letras nos repertórios combinados.

sincopação média dos repertórios a distribuição relativa dos elementos associados à sincopação (pontos 4 e 10) diante do indicador de ritmos mais convencionais, por assim dizer, ou seja, o ponto 7.

Ora, o ponto 10 (correspondendo à quarta semicolcheia) é mais proeminente nos repertórios nos quais o gênero do samba (e congêneres, como a bossa nova) tem uma presença menos destacada, ou seja, nas fases pré e pós-Bossa Nova (justamente, o caso no qual a discrepância é mais intensa, um dado bastante interessante). Na fase Bossa Nova, bem como no *corpus* de obras inéditas, observamos a maior recorrência de ataques no ponto 10, indicando uma marcante presença de r-letras que o contenham em seus ataques (g, n, p, r, t, u e v).

Visões globais do perfil métrico são fornecidas na Figura 3.7. É interessante constatar que os histogramas de cp e cJ diferem essencialmente nas magnitudes das barras referentes aos pontos métricos 7 (a segunda colcheia) e 10 (a quarta semicolcheia). Enquanto no conjunto das obras publicadas o ponto 7 supera levemente o de número 10, o quadro se inverte no conjunto completo, sugerindo que as obras inéditas (que complementam cp) seriam, em média, mais sincopadas em relação aos demais *corpora*, um dado bastante significativo.[7]

---

[7]Confirmando minha impressão geral, resultante do processo de transcrição dos manuscritos.

Discussão dos resultados

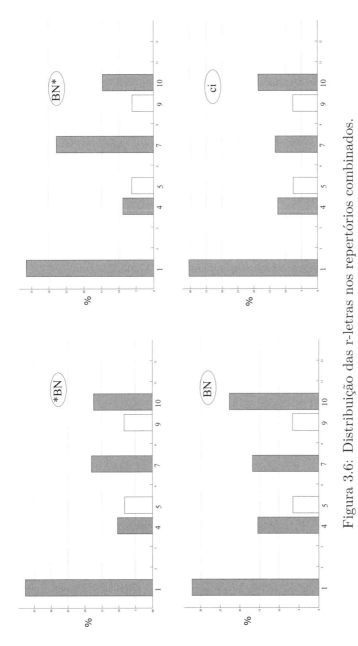

Figura 3.6: Distribuição das r-letras nos repertórios combinados.

A melodia de Jobim

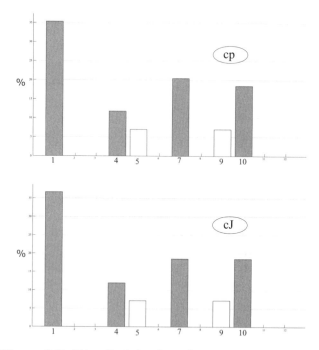

Figura 3.7: Distribuição das r-letras nos repertórios combinados.

3.2.3 Entropia das r-letras

Aqui cabe lembrar que a entropia mede o grau de «incerteza» de um determinado evento no tempo. Equivaleria a dizer que algo com baixa entropia cria uma forte expectativa para uma determinada continuação. Por outro lado, eventos com alta entropia são incertos, pois podem ser seguidos por dois ou mais outros com probabilidades similares.

A Tabela 3.4 apresenta as entropias das 22 r-letras consideradas nas análises dos seis conjuntos, bem como suas mais prováveis continuações.

Discussão dos resultados

Tabela 3.4: Entropia (H) e mais provável continuação para as r-letras nos seis conjuntos de peças.

c-letra	*BN H	*BN cont.	BN H	BN cont.	BN* H	BN* cont.	ci H	ci cont.	cp H	cp cont.	cJ H	cJ cont.
a	3,0708	a	2,8450	a	2,1747	a	2,5978	a	2,951	a	2,9712	a
b	3,0527	b	2,6170	b	2,5824	b	2,5121	b	2,8704	b	2,7892	b
c	0,1914	j	1,7925	j	0,0000	c	0,8167	j	0,7693	j	0,8584	j
d	1,1666	d	0,9993	k	1,7613	k	1,1489	b	1,3065	k	1,3064	b
e	1,9790	j	2,4074	j	1,9404	j	2,3198	b	2,3282	j	2,2401	e
f	0,9056	s	0,6194	d	0,0000	d	0,6193	d	0,6689	d	0,6670	d
g	2,1383	v	3,0637	v	2,2635	r	2,5189	v	2,8939	v	2,8572	v
h	1,3568	a	1,2516	g	1,0000	c/e	1,585	b/g/h	2,3221	a	2,5275	a
i	0,0000	s	-	-	0,0000	s	-	-	0,0000	s	1,0000	s
j	2,3704	j	2,4539	j	1,9137	j	2,0689	b	2,3274	j	2,0404	j
k	0,3863	d	0,0905	d	0,7086	d	0,9452	d	0,3947	d	0,5362	d
l	1,9062	n	2,2631	b	1,498	e	2,9950	n	2,8472	n	3,1118	n
m	0,0000	n	1,4591	b	2,1181	c	1,7925	b	2,9749	c	3,1573	b
n	3,0132	c	2,8894	n	3,5396	n	3,0767	r	3,221	n	3,3390	n
o	1,5213	s	1,9081	s	2,3385	s	1,641	s	2,1192	s	2,0796	s
p	2,8965	b	2,2143	n	2,4633	v	3,1744	v	2,9082	n	3,0749	n
q	0,0000	p	-	-	-	-	0,0000	b	0,0000	p	0,9183	p
r	2,6944	r	2,4494	n	3,2874	t	2,6392	r	3,2901	n	3,1388	r
s	1,8910	b	2,0499	b	2,2240	b	1,9992	b	2,1116	b	2,1175	b
t	2,1874	n	2,3713	n	1,7589	n	2,6136	b	2,4474	n	2,5941	n
u	2,6417	b	2,6317	u	2,5902	n	2,6044	v	3,0978	b	3,0592	v
v	2,0956	b	2,3556	b	1,9762	v	2,9009	b	2,4825	b	2,7266	b

81

A melodia de Jobim

Devido à maior complexidade da estrutura rítmica do modelo em relação à estrutura de alturas, algumas observações fazem-se necessárias:

- Certas r-letras apresentam entropia nula, o que significa que possuem apenas *uma* continuação possível.[8] São como finais de linha ou «gargalos» e estão associadas a r-letras de baixa frequência de ocorrência nos repertórios. É o caso de *c* (em BN*), *i* (sempre seguida por *s*, em *BN, BN* e cp), *m* (seguida por *n*, em *BN) e *q*, seguida por *p* (em *BN e cp) ou por *b* (em ci e cJ). De modo semelhante, entropias entre 0 e 1 indicam poucas possíveis continuações (duas, normalmente), com uma delas bem mais provável;

- Entropia igual a 1 significa que duas continuações são equiprováveis, como no caso de *h* (em BN*), que pode ser seguida por *c* ou *e* em iguais probabilidades. A mesma r-letra, no repertório ci, apresenta tripla continuidade (*b*, *g*, *h*), igualmente provável;[9]

- Por outro lado, algumas r-letras têm entropia indeterminada (indicada pelo sinal «-»), pois elas próprias não ocorrem nos repertórios em questão: *i* (em BN e ci) e *q* (em BN e BN*);

- Deixando de lado esses casos extremos, a flutuação de entropia entre as r-letras tem âmbitos maiores do que aqueles observados com as c-letras, variando entre 0,1914 (*c*, em *BN) e 3,2901 (*r*, em cp);

- Sete r-letras podem ser classificadas como *fortemente atrativas*, pois apresentam as mesmas prováveis continuações em todos os repertórios: *a*→*a*, *b*→*b*, *k*→*d*, *o*→*s* e *t*→*n*. Outras cinco são classificadas como *atrativas*, por apresentarem

---
[8] Ou seja, a probabilidade para a continuação é igual a 1. Consequentemente, a entropia é nula, pois o logaritmo de 1 é igual a 0.
[9] Neste caso, com H = 1,5850.

a mesma provável continuação em cinco dos seis repertórios. É o caso de $c{\to}j$, $f{\to}d$, $g{\to}v$, $j{\to}j$ e $v{\to}b$. Podemos também considerar certas r-letras como *replicantes*, pois tendem a «chamar» a si próprias como mais provável continuação (considerando aqui que isso aconteça em pelo menos três repertórios): a, b, j, n e r. Se desconsiderarmos as r-letras a (pois reflete a ideia de que uma pausa tende a ser seguida por outra, não envolvendo articulação rítmica) e b (aqui por evidenciar uma sequência rítmica não característica, inteiramente cométrica), poderemos considerar as demais r-letras replicantes como potenciais marcadores estilísticos. Como em casos anteriores, a confirmação dessa hipótese requererá a ampliação da pesquisa e a consequente comparação analítica com repertórios de outros compositores.

Semelhantemente ao que foi estabelecido quanto às relações entre as c-letras, a Figura 3.8 apresenta o grafo de relações entre as r-letras e suas mais prováveis continuações, considerando as configurações do *corpus* completo. As r-letras de baixa frequência de ocorrência são indicadas em cinza. O esquema revela que b e n são as principais «receptoras», ou seja, são as continuações mais prováveis de quatro transições.[10] Essa informação parece, especialmente, evidenciar a já mencionada importância da r-letra n como célula rítmica central na construção melódica jobiniana.

3.2.4 Distribuição das r-palavras

A Tabela 3.5 traz a estatística básica referente às r-palavras nos seis conjuntos. Uma avaliação inicial permite observar que as r-palavras distintas apresentam grande diversidade, ainda que numa dispersão menor do que a observada no conjunto das c-palavras (uma razão

---

[10]Embora b seja receptora em cinco transições (enquanto n é em quatro), uma delas pode ser desconsiderada, pois se origina em m, cuja recorrência no repertório é quase irrelevante.

A melodia de Jobim

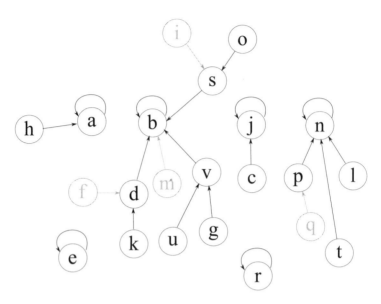

Figura 3.8: Grafo de relações entre c-letras contíguas, considerando o repertório completo (cJ).

média um pouco acima de 2 para 1). Por outro lado, a diversidade interna média em cada repertório é mais alta, o que provavelmente se explica pela diferença de tamanho dos alfabetos (7 × 22).

Tabela 3.5: Avaliação das r-palavras considerando os seis conjuntos.

	*BN	BN	BN*	ci	cp	cJ
total de r-palavras	527	721	583	759	1830	2590
r-palavras distintas	224	352	263	436	802	1142
índice de diversidade	0,79	0,76	0,77	0,79	0,77	0,78
índice de contrametricidade	0,64	0,73	0,73	0,60	0,70	0,67

O dado novo, e mais interessante de todos, sem dúvida é a

avaliação da contrametricidade média de cada repertório. Como era esperado, a fase BN apresenta um considerável aumento do índice ic, em relação à fase anterior (0,73 × 0,64). No entanto, chega a surpreender a manutenção do mesmo patamar em BN*, ao contrário de uma queda esperada, já que a fase se caracteriza esteticamente por uma mistura de diversos gêneros (além do samba) e por um «abandono», por assim dizer, do pensamento bossa-novista.

Mais surpreendente, no entanto, é o baixo índice ic médio do repertório inédito (0,60), o que parece ser contraditório em relação às observações feitas no nível das r-letras, que sugeriam ser o *corpus* ci o mais sincopado de todos os conjuntos. Uma investigação desse fato enigmático levou a uma nova avaliação, mais detalhada, considerando as finalizações das r-palavras. Nessa nova prospecção, busquei evidenciar a presença da r-letra *b* (o apoio final mais incisivo de todos). A ideia por trás dessa abordagem está no fato de que r-palavras com uma relativa alta presença de sincopações internas (devido, por exemplo, a r-letras *n*) podem ter seu índice de contrametricidade neutralizado por uma finalização em *b*. Ou seja, tratou-se de aplicar uma «sintonia fina» na medição de ic, de modo a destacar a distribuição de r-palavras que concluem em apoio métrico firme daquelas com conclusões antecipadas.

Assim, todos os repertórios foram reavaliados por esse prisma. A porcentagem de r-palavras concluindo com *b* em cada um dos conjuntos é a seguinte: 65% (*BN), 46% (BN), 42% (BN*), 64% (ci), 50% (cp) e 54% (cJ). Deixando de lado, neste exame particular, os *corpora* acumulados e focando os repertórios isolados, podemos perceber uma correlação com o índice de contrametricidade. Os conjuntos de mais altos índices (BN e BN*) apresentam baixa proporção de finalizações cométricas em *b*, enquanto ci e *BN são equivalentes, tanto nesse último aspecto quanto em seus valores ic.

As 10 r-palavras mais recorrentes em cada repertório são apresentadas na Tabela 3.6.

Tabela 3.6: As 10 r-palavras mais comuns nos seis conjuntos, em números de ocorrência.

*BN		BN		BN*		ci		cp		cJ	
25	gvb	11	vb	23	ejb	15	gvb	39	ejb	50	gvb
18	ejjjb	11	bbn	20	pv	13	rb	35	gvb	49	ejb
13	osb	11	evlb	16	ejej	12	ssb	34	vb	45	vb
12	ssb	11	pn	12	nl	12	rrb	31	pv	33	pv
11	ejb	11	grjn	11	ej	11	vb	27	osb	32	osb
8	sb	8	jeeeebb	9	vvvb	10	ub	22	pn	27	ssb
8	gvc	8	ub	8	osb	10	nb	22	ejjjb	26	pn
7	pb	8	gvvb	8	grjnc	10	ejb	18	bbn	22	ub
6	pvb	7	gvb	7	vb	9	sl	16	evlb	22	ejjjb
6	pn	7	pv	7	jje	8	v	16	ejej	21	sb

86

Discussão dos resultados

Ao contrário do que foi observado em relação às c-palavras, a tabela evidencia uma relativa consistência de certas r-palavras, que se mostram recorrentes em vários dos conjuntos, embora não em todos.[11] A Figura 3.9 destaca aquelas mais comuns, informando suas respectivas cardinalidades e índices de contrametricidade: *gvb*, *ejb*, *osb* e *vb* (em cinco dos seis conjuntos); *pv* e *pn* (em quatro conjuntos); *ssb* e *ejjjb* (em três conjuntos).

De modo semelhante ao que foi estabelecido em relação às c-palavras, o levantamento de todas as r-palavras distintas em relação às suas presenças nos quatro *corpora* individuais traz o seguinte quadro: apenas 11 (0,9%) são recorrentes em todos os repertórios,[12] 24 em três (1,9%), 102 em dois (8,1%), com o restante das r-palavras aparecendo em apenas um deles (novamente, uma porcentagem alta, cerca de 89%).

---

[11]O que não deixa de surpreender, considerando a enorme diferença de possíveis permutações se comparamos os respectivos alfabetos, a depender das cardinalidades das palavras (ver Figura 1.10). Isso, por si só, sugere haver no domínio rítmico uma maior economia e consistência, no que se refere à formação de palavras na música de Jobim (e, supostamente, também em outros repertórios), o que pode estar fortemente associado à caracterização estilística, considerando não apenas os contextos musicais compartilhados, em diferentes níveis (música popular universal, MPB, samba, bossa nova etc.) – metaforicamente, o *idioma* adotado –, como as escolhas pessoais – o *dialeto* particular – do compositor.

[12]São as seguintes: <Ssb>, <sb>, <v>, <pn>, <osb>, <nn>, <jtn>, <gsb>, <ejjb>, <ejb> e <eb>.

A melodia de Jobim

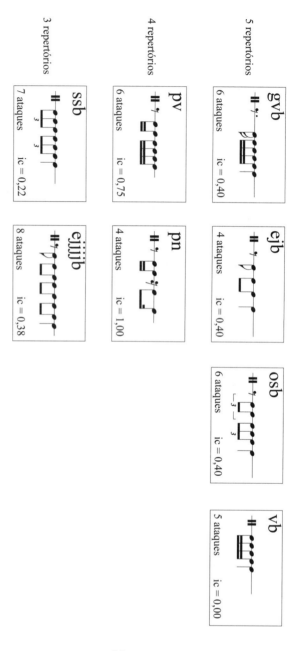

Figura 3.9: Detalhamento das r-palavras mais recorrentes da Tabela 3.6, de acordo com suas presenças nos seis conjuntos.

3.3 Distribuição das c/r palavras quanto à cardinalidade

Finalizando o capítulo, resta avaliar a distribuição das cardinalidades de c/r palavras,[13] inicialmente, como sempre, considerando os quatro repertórios isolados (Figura 3.10).

A Figura 3.11 traz as distribuições dos *corpora* combinados, cp e cJ.

Examinando todos os histogramas, podemos perceber uma notável correspondência em todos os repertórios: as c/r palavras tendem a ter entre 4 e 10 ataques (que correspondem, na média, a 80% dos casos nos seis conjuntos), convergindo para a cardinalidade ótima 6 (ou 7, no repertório inédito, única divergência nesse aspecto).

---

[13] Recordando que a cardinalidade mede o número de ataques, e não de símbolos – r-letras ou c-letras – em palavras.

A melodia de Jobim

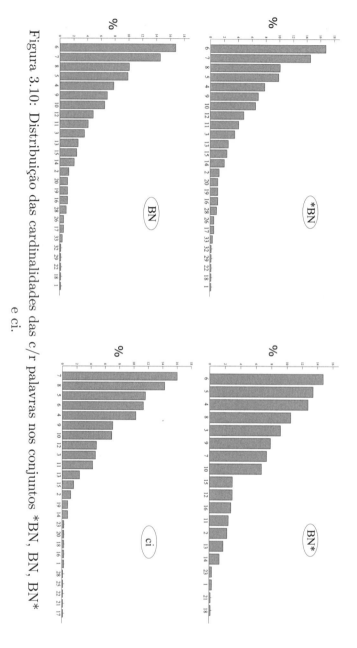

Figura 3.10: Distribuição das cardinalidades das c/r palavras nos conjuntos *BN, BN, BN* e ci.

Discussão dos resultados

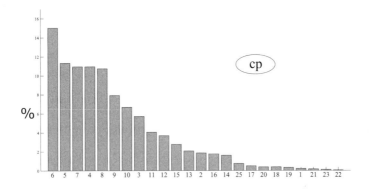

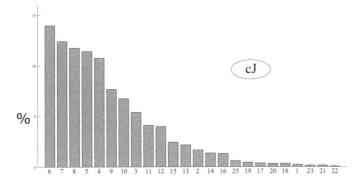

Figura 3.11: Distribuição das cardinalidades das c/r palavras nos conjuntos cp e cJ.

3.4 Uma análise

De modo a trazer uma dimensão mais concreta para as formulações teóricas vistas neste capítulo, a Figura 3.12 propõe uma análise dos compassos iniciais da linha do canto de *Desafinado*, de Jobim e Newton Mendonça. A letra da canção facilita a tarefa de segmentar a melodia em oito palavras.

Estas, associadas a seus respectivos subdomínios, são dispostas na Tabela 3.7, que informa ainda os índices individuais de diversidade e contrametricidade, bem como seus valores médios. É ainda interessante observar como a cardinalidade das c/r palavras flutua entre 5 e 8, tendo 6 como média, corroborando os dados gerais sobre esse atributo.

Um aspecto de especial relevância se refere à diversidade das c-palavras em comparação com suas correspondentes rítmicas. Enquanto, nesse curto trecho, apenas uma delas é repetida (PPPp), a redundância entre as r-palavras é maior (5 reiterações), a despeito da diferença entre os respectivos alfabetos (7 × 22 símbolos). É um dado bastante significativo, pois sugere que configurações rítmicas parecem ser mais econômicas e recorrentes do que as de contorno (como já foi aventado ao compararmos as distribuições c- e r- palavras), tornando-se assim marcadores estilísticos potencialmente mais precisos e eficazes.

Discussão dos resultados

Figura 3.12: Análise a partir da filtragem melódica do trecho inicial (c. 1–16) de *Desafinado* (Jobim e Newton Mendonça).

Tabela 3.7: Avaliação das c/r palavras em *Desafinado* (c. 1–16), considerando os índices de diversidade (id) e de contrametricidade (ic) e as cardinalidades.

segmentos	1	2	3	4	5	6	7	8	média
c-palavras	PPPp	pPPAau	PPPp	pPSsu	SpppAp	PPAaaP	ppaSp	aAau	
id	0,50	0,83	0,50	1	0,50	0,50	0,60	0,75	0,875 (7/8)
r-palavras	nr	nnn	nr	nnn	nnjc	gnn	nrc	gnn	0,625 (5/8)
id	1,00	0,33	1,00	0,33	0,75	0,67	1,00	0,67	0,72
ic	0,75	1,00	0,75	1,00	0,89	1,00	0,84	1,00	0,90
cardinalidade	5	7	5	6	7	7	6	5	6

Parte II
Abordagens analíticas

4
Contornos melódicos

Como discutido nos capítulos iniciais, a representação de melodias como contornos é uma estratégia analítica que visa, em suma, a permitir a identificação de padrões melódicos em um determinado *corpus* de peças. Nesse caso, a abstração (e a consequente perda de informação) torna-se uma etapa imprescindível do processo. É o que acontece no modelo de Filtragem Melódica, com a tradução das melodias em sequências de c-letras.

O nível de abstração pode ser ainda mais radical, a partir dos fundamentos da chamada Teoria dos Contornos, elaborada por Robert Morris.[1] De acordo com essa teoria, melodias podem ser convertidas em sequências numéricas que buscam descrever suas topografias, porém considerando apenas as posições relativas das notas. Considerando uma linha com n pontos de ataque em alturas distintas, o valor 0 (zero) corresponderá ao ponto mais grave da linha (identificado formalmente como *nadir*), enquanto o número *n-1* será atribuído ao ponto mais agudo (o *clímax*).[2] Assim, valores entre

---
[1] Ver Morris (1987).
[2] No caso mais simples. Se a melodia contar com repetições de alturas, o clímax passa a ser atribuído ao número *n-1-x*, sendo x o número de repetições de alturas.

A melodia de Jobim

esses dois extremos denotarão os pontos intermediários da melodia. O contorno será então notado algebricamente como um vetor,[3] podendo também ser plotado graficamente. Sendo o grau de abstração mais alto do que aquele adotado no modelo FM, um mesmo contorno pode representar melodias consideravelmente diferentes, o que envolve não apenas as alturas reais, como os intervalos e até mesmo suas representações como c-palavras. A Figura 4.1 ilustra esse aspecto.

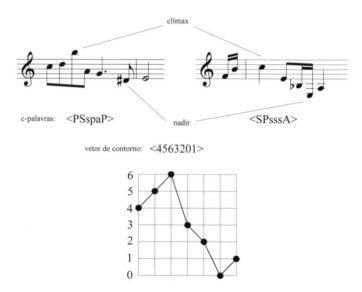

Figura 4.1: Representação do contorno abstrato de duas melodias distintas.

---

[3]Por exemplo, considerando uma linha cromática descendente com cinco notas distintas (não importa quais), o vetor de contorno seria escrito como <43210>, a mesma representação para uma melodia composta apenas por arpejos descendentes, o que reafirma o caráter generalizante dessa teoria.

4.1 Contornos específicos

Por outro lado, contornos podem representar fidedignamente os elementos intervalares e rítmicos de uma melodia. Tais contornos *específicos* (passarei a me referir a eles dessa maneira, de modo a diferenciá-los dos contornos abstratos) são, portanto, quase versões equivalentes à notação musical.[4] Este capítulo é voltado especificamente para tais representações. A Figura 4.2 apresenta a linha melódica completa de uma composição inédita de Jobim (ou seja, integrante do *corpus* de peças inéditas, o ci), registrada apenas em manuscrito. Por conveniência, proponho identificar tal manuscrito pelo rótulo genérico mJ-1 (ou seja, manuscrito de Jobim, número 1), inaugurando assim um procedimento que será adotado para outros casos semelhantes ao longo do livro.

O eixo horizontal do gráfico informa os pontos no tempo, sobre os quais os ataques das notas acontecem. No eixo vertical são dispostas as *alturas-midi*, que são convenções numéricas representando alturas reais (considerando Dó$_3$ como 60 e cada semitom como uma unidade). A topografia da melodia, com seus altos e baixos, é, assim, explicitada pelas linhas ligando os pontos (os ataques).[5] Durante as análises dos diversos repertórios, todas as melodias (inéditas ou não) tiveram seus contornos específicos plotados, formando um conjunto que servirá de base para as discussões a serem realizadas neste capítulo.

---

[4]Na verdade, a representação por contorno específico abstrai as durações das notas, pois evidencia apenas os pontos no tempo onde os ataques melódicos acontecem.

[5]Como se pode observar, o gráfico plota a melodia previamente segmentada.

A melodia de Jobim

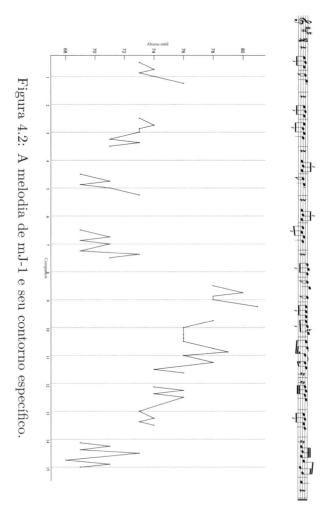

Figura 4.2: A melodia de mJ-1 e seu contorno específico.

4.2 Âmbito, clímax e nadir

Antes de passarmos propriamente para uma análise detalhada dos contornos específicos, é relevante examinar os âmbitos médios das melodias jobinianas, pois isso também se apresenta como um elemento potencialmente distintivo em um processo composicional. A Tabela 4.1 traz os valores médios (em alturas-midi) para os pontos *nadir* e *clímax* considerando os seis repertórios analisados. De modo a facilitar a comparação, os mesmos dados são apresentados em notação musical na Figura 4.3. Como se observa, há baixa variação dos números, com a exceção do valor médio para o clímax no ci (78,44), mais alto em relação a seus pares. Isso pode ser facilmente explicado pelo fato de que há, entre as peças inéditas, várias que são claramente pensadas como composições instrumentais (que chegam, via de regra, a registros mais agudos), em contraste com os demais *corpora* individuais, todos compostos de canções (nas quais se observa a presença de tessituras de menor amplitude).

Tomando as médias finais (última coluna) como referência, chegamos a um âmbito médio de 74,04 - 57,50 = 16,54 semitons, ou seja, cerca de uma décima maior.

Tabela 4.1: Valores médios para nadir e clímax nos seis repertórios. Valores extremos são indicados em negrito.

	*BN	BN	BN*	ci	cp	cJ	média
nadir	57,81	56,85	**55,60**	60,09	56,80	57,86	57,50
clímax	73,94	72,50	72,00	**78,44**	72,80	74,58	74,04

4.3 Gestos de contorno

Comecemos tomando por hipótese que os incontáveis contornos específicos – a rigor, podemos considerar uma correspondência uní-

A melodia de Jobim

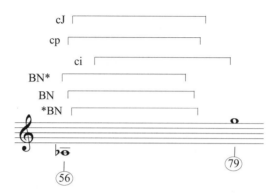

Figura 4.3: Comparação dos âmbitos melódicos médios nos seis conjuntos.

voca entre estes e as melodias que representam – possam ser entendidos como sequências de descrições genéricas – não no sentido dos contornos abstratos, bem entendido –, que passo a denominar *gestos de contorno*. Esses gestos visam a agrupar em classes trechos[6] de contornos específicos de melodias que, embora sejam, estritamente falando, distintos, possam se assemelhar em seus aspectos gerais. Na verdade, trata-se de uma semelhança essencialmente *visual*, o que faz da representação melódica em contornos específicos a ferramenta ideal para o tipo de análise aqui considerado.

Ainda que atraente, a ideia de descrever melodias como sequências de gestos de contorno e, subsequentemente, extrair padrões é por demais ambiciosa (ao menos, no contexto deste livro) e traz em seu bojo grandes dificuldades. A principal delas seria catalogar todos os tipos de gestos descritivos possíveis, o que me parece uma tarefa de enorme complexidade. Assim, neste capítulo, estabelecerei como uma meta mais modesta o exame dos gestos iniciais das melodias, partindo da hipótese de que as aberturas apresentam as

---

[6]Preferencialmente, com a extensão de uma c/r palavra. No entanto, os gestos de contorno podem abarcar segmentos maiores, formados por duas ou, no máximo, três c/r palavras.

Contornos melódicos

ideias básicas das linhas (e das próprias composições a que estão associadas). Minha principal intenção é investigar se os gestos de contorno que dão início às peças podem se equiparar *grosso modo* a estratégias composicionais.

Após um exame de todos os contornos específicos analisados no repertório, sintetizei sete tipos básicos de gestos de contorno de abertura, apresentados na Figura 4.4, juntamente com possíveis «nomes-fantasia», que buscam associar suas respectivas topologias a alguma representação visual extramusical.[7]

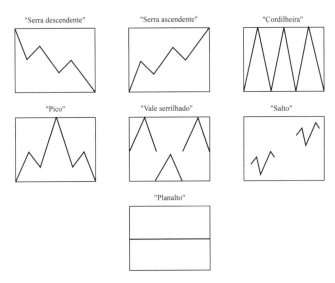

Figura 4.4: Sete tipos de gestos básicos de contorno de abertura.

Passo agora a examinar individualmente cada uma das sete classes, associando-as a inícios de contornos específicos de melodias jobinianas.

---

[7]Como se pode observar, os «nomes-fantasia» evocam acidentes geográficos, o que, de certo modo, se ajusta metaforicamente à ideia de melodias como trajetórias topográficas.

A melodia de Jobim

4.3.1 Gesto em serra descendente

Em sua essência, esse gesto descreve situações melódicas que se iniciam em um ponto relativamente agudo e se dirigem para o registro grave de maneira «acidentada», ou seja, alternando picos e vales melódicos. Em termos de construção temática, ele representa geralmente sequências do motivo inicial em sentido descendente (que são muito mais comuns do que as ascendentes, não importando o estilo). Há diversas melodias entre as analisadas que se ajustam a esse perfil básico, ainda que sejam superficialmente bastante distintas. A Figura 4.5 apresenta quatro desses casos.

Embora em (a) sejam mostrados apenas seus segmentos iniciais, a melodia de *Angela* se inicia com uma descida «serrilhada». Os demais exemplos (b, c), *Absolute Lee* e a inédita mJ-2, representam casos mais recorrentes desse tipo de estratégia, na qual a trajetória descendente e sequencial prenuncia eventualmente mudanças direcionais do contorno (aqui omitidas).

4.3.2 Gesto em serra ascendente

Trata-se do oposto do gesto anterior. Neste caso, a estratégia básica consiste em um gradual aumento de energia potencial, por assim dizer, até atingir um ponto relativamente agudo, a partir do qual algum tipo de contraste tem lugar (em geral, com uma mudança de direção do contorno). Quatro exemplos distintos que compartilham a ideia básica do gesto são apresentados na Figura 4.6: (a) *Passarim* (Jobim); (b) *Eu sei que vou te amar* (Jobim e Vinicius de Moraes); (c) o samba inédito rotulado como mJ-3 e (d) *Samba do avião* (Jobim).

4.3.3 Gesto em cordilheira

O terceiro gesto, não tão comum no repertório quanto os anteriores, corresponde à estratégia de iniciar a melodia com uma movimentação, por assim dizer, obstinada, alternando vales e picos e mantendo-os aproximadamente numa mesma faixa de amplitude. É o que acontece, por exemplo, nas canções *Chega de saudade* e *O nosso amor* (ambas de Jobim e Vinicius de Moraes) e no choro inédito mJ-4.

A melodia de Jobim

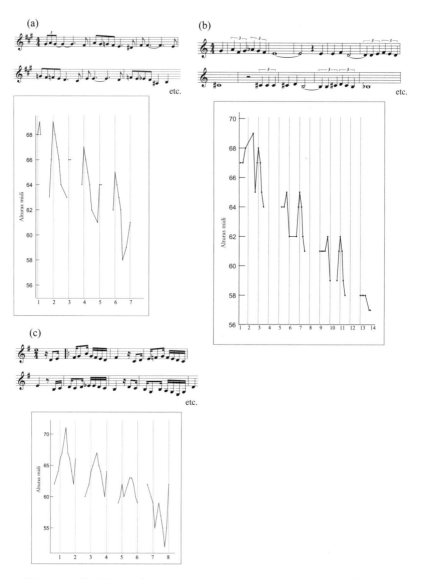

Figura 4.5: Exemplos de contornos em «serra descendente» nas aberturas de: (a) *Angela*; (b) *Absolute Lee*; (c) mJ-2.

Contornos melódicos

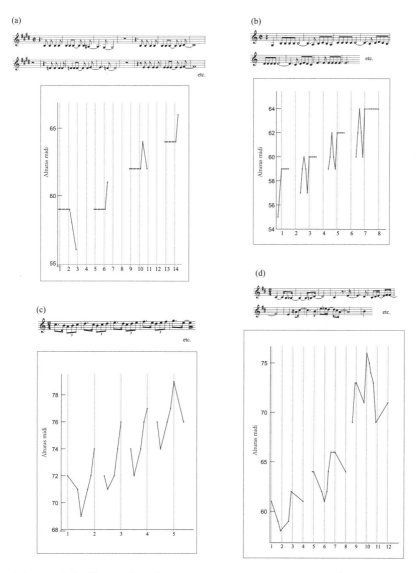

Figura 4.6: Exemplos de contornos em «serra ascendente» nas aberturas de: (a) *Passarim*; (b) *Eu sei que vou te amar*; (c) mJ-3; (d) *Samba do avião*.

A melodia de Jobim

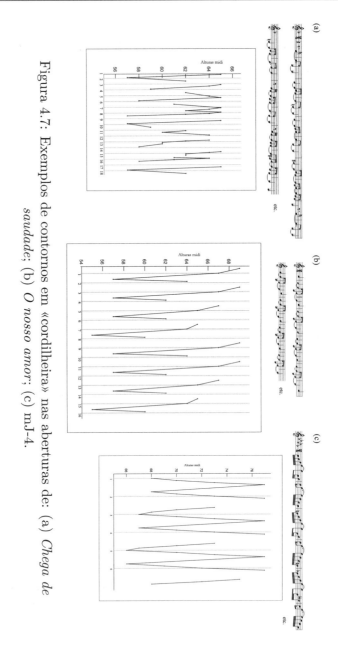

Figura 4.7: Exemplos de contornos em «cordilheira» nas aberturas de: (a) *Chega de saudade*; (b) *O nosso amor*; (c) mJ-4.

4.3.4 Gesto em pico

Este pode ser considerado um caso especial do gesto em «cordilheira», no qual se destaca ao centro um patamar mais agudo em relação aos extremos, ou ainda, como uma concatenação de gestos em «serra» ascendente e descendente. A Figura 4.8 apresenta quatro ilustrações dessa estratégia: em (a), *Discussão* (Jobim e Newton Mendonça), a melodia progride lentamente em direção ao «pico», retornando ao grave de maneira quase simétrica. O começo de *Este seu olhar* (b), de Jobim, tem perfil semelhante, porém mais compacto, o que se torna ainda mais concentrado na abertura da peça inédita mJ-5.

4.3.5 Gesto em vale serrilhado

Este caso pode ser visto quase como a imagem «em negativo» do mais comum gesto em «pico». Caracteriza-se por um contraste em registro relativamente grave mediando duas ativações melódicas agudas. A Figura 4.9 apresenta dois exemplos: (a) o início do choro inédito rotulado como mJ-6 e (b) a abertura de *Maria é dia* (Tom Jobim, Paulo Jobim e Ronaldo Bastos), em que, após a introdução do trecho contrastante, o motivo inicial retorna quase inalterado, porém adaptado ao modo menor (Si♭ no lugar de Si, Fá no lugar de Fá♯ etc.).

4.3.6 Gesto em salto

Este gesto corresponde à justaposição de dois segmentos relativamente distanciados no campo das alturas. Embora não seja uma estratégia muito comum se comparada às demais, é especialmente configurada na opção grave→agudo (até onde pude pesquisar, não encontrei a alternativa inversa). Duas ilustrações são apresentadas na Figura 4.10, com as aberturas de duas peças inéditas, mJ-8 e mJ-7.

A melodia de Jobim

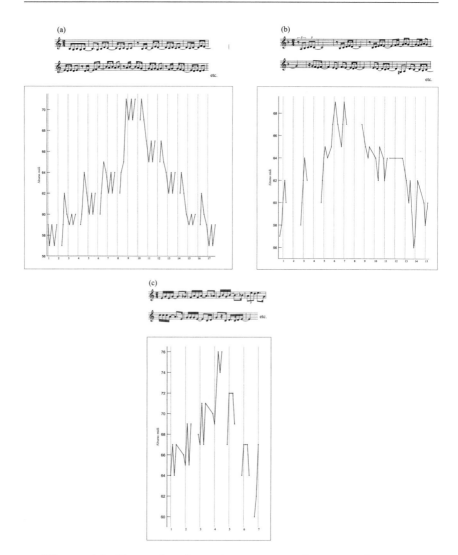

Figura 4.8: Exemplos de contornos em «pico» nas aberturas de: (a) *Discussão*; (b) *Este seu olhar*; (c) mJ-5.

Contornos melódicos

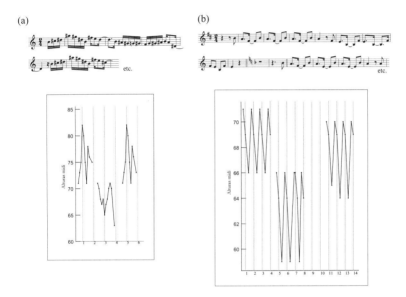

Figura 4.9: Exemplos de contornos em «vale serrilhado» nas aberturas de: (a) mJ-6; (b) *Maria é dia*.

A melodia de Jobim

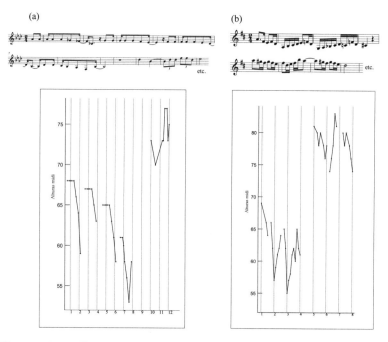

Figura 4.10: Exemplos de contornos em «salto» nas aberturas de: (a) mJ-8; (b) mJ-7.

4.3.7 Gesto em planalto

Finalmente, a sétima classe de gestos de contorno corresponde a uma característica prática jobiniana para dar início a uma peça, a saber, mantendo uma altura constante. Ainda que não seja aplicada a um número grande de casos, trata-se de uma estratégia marcante, epitomada pela originalíssima abertura de *Samba de uma nota só*, uma canção bastante visitada neste livro (assim como em *A harmonia de Jobim*). A Figura 4.11 apresenta, além deste caso, mais três outras instâncias de inícios em «planalto»: em (b), a inédita mJ-8 se inicia com repetições de Láb, concluindo o segmento com uma descida gradual de âmbito de quinta justa. Algo semelhante acontece em *Vivo sonhando*, de Jobim e Gene Lees (c), bem como nas frases iniciais de *Passarim* (d), onde, essencialmente, o gesto descreve o desenrolar de uma melodia estática sobre uma linha cromática descendente, mantendo um parentesco abstrato com outras peças jobinianas (entre outras, citaria a própria *Samba de uma nota só* e *Soneto de separação*), consistindo em uma das marcas registradas da paleta criativa do compositor.[8]

***

Ao destacar possíveis arquétipos recorrentes de aberturas melódicas, o conjunto dos sete gestos de contorno específicos estudados neste capítulo lança algumas luzes, em uma nova perspectiva, na busca pelo entendimento de parte das estratégias composicionais de Jobim. Evidentemente, tais modelos não têm a pretensão de exaurir a totalidade das alternativas. Diversas aberturas de peças resistem à adequação a uma das classes listadas, mesmo considerando-as como abstrações flexíveis, de tal maneira que tais casos poderiam talvez ser agrupados como «gestos idiossincráticos», na ausência

---
[8] As linhas cromáticas formam um tópico a ser explorado em detalhes no capítulo 6.

A melodia de Jobim

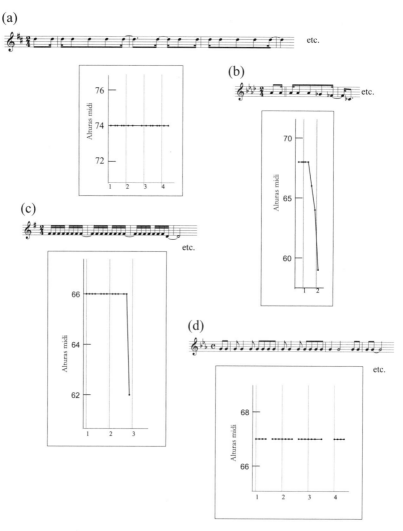

Figura 4.11: Exemplos de contornos em «planalto» nas aberturas de: (a) *Samba de uma nota só*, (b) mj-8, (c) *Vivo sonhando*, (d) *Passarim*.

de estudos mais aprofundados até o presente momento.[9] De todo modo, a ideia dos gestos específicos, envolvendo situações distintas das aberturas de peças, será retomada em parte dos capítulos futuros, trazendo outros tipos de explorações.

---

[9]Por uma questão de foco, não pretendo, por ora, prosseguir nessa linha investigativa, que poderá ser retomada oportunamente.

5
Apoios melódico-harmônicos

Um dos aspectos mais interessantes da música jobiniana revela-se nas relações entre os pontos de apoio melódico e os acordes que os sustentam. Embora, por certo, não seja de uso exclusivo da linguagem bossa-novista, a preferência por tornar tais relações mais «dissonantes» (ou mais *complexas*, na perspectiva de Schoenberg)[1] parece ter se intensificado na música brasileira a partir do final dos anos 1950, especialmente pelas mãos de Jobim.

5.1 Tensão sensorial

Em tratados de harmonia voltados para a música de concerto, a relação entre melodia e contexto harmônico em pontos de apoio se fundamenta essencialmente nas notas-funções que formam as tríades básicas, ou seja, fundamentais, terças e quintas, refletindo a

---
[1] A esse respeito, ver a discussão presente no capítulo intitulado «Sons 'estranhos à harmonia'» (pp. 435-482) do livro *Harmonia* (Schoenberg, 2001).

música composta na chamada Prática Comum.[2] Dissonâncias (sextas, sétimas, nonas etc.) são sempre tratadas como elementos transitórios que buscam resolução em pontos estáveis. A estabilidade mais intensa acontece nas cadências, cujas categorias consideradas estruturais são essencialmente três: (1) autêntica perfeita (V→I), com a melodia repousando obrigatoriamente na tônica da peça; (2) autêntica imperfeita, neste caso com a melodia na terça ou – mais raramente – na quinta do acorde tônico; (3) cadência à dominante (ou semicadência), que se caracteriza pelo apoio harmônico no V grau (e melodia, geralmente, na fundamental desse acorde).[3]

A prática e a teoria da música popular, contudo, divergem consideravelmente da visão tradicional desses aspectos. No que possa talvez ser considerado o ápice dessa divergência, notas-funções que não integram a tríade básica são *também* consideradas como potenciais elementos estruturais (numa frequência que depende, em suma, do gênero ou subgênero musical em questão). Nos termos propostos por Allen Forte, sextas, sétimas, nonas, décimas primeiras e décimas terceiras (mesmo em suas versões alteradas) podem ser classificadas como «tensões estáveis», a depender dos contextos harmônico-funcionais que as suportam.[4]

Proponho neste capítulo investigar sistematicamente como se dá a relação entre alturas melódicas e acordes na música jobiniana, tomando especificamente para exame os pontos de apoio mais relevantes possíveis, ou seja, os finais das c/r palavras das melodias de algumas peças selecionadas para análise.

Como metodologia analítica, empregarei uma classificação hie-

---

[2]Denominação atribuída ao período no qual a tonalidade prevaleceu como meio de organização das alturas, aproximadamente entre 1600 e 1900.

[3]Para uma descrição detalhada da tipologia de cadências estruturais dentro do contexto clássico-romântico, ver Hepokoski & Darcy (2006) ou Caplin (1998).

[4]Forte (1995). Recomendo ainda a leitura de três artigos de James McGowan (2008; 2010; 2011), nos quais a questão é debatida sob uma ótica atual diante do estado da arte sobre o assunto.

rarquizada de notas-funções, adaptada de uma proposta originalmente introduzida em meu livro *Contraponto em música popular*,[5] apresentada na Figura 5.1.

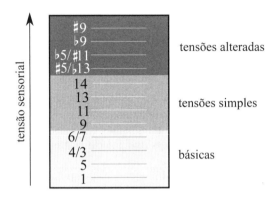

Figura 5.1: Comparação dos âmbitos melódicos médios nos seis conjuntos.

O quadro dispõe as notas-funções[6] relacionadas a um acorde qualquer, distribuídas entre três categorias: básicas (incluindo possíveis substitutas, 4 e 6), tensões «simples»[7] e tensões alteradas.[8] Como a seta indica, as notas-funções são empilhadas de acordo com o aumento de *tensão sensorial*. Esse conceito, adaptado daquele proposto por Fred Lerdahl em *Tonal Pitch Space*,[9] refere-se,

---

[5] Almada (2013b).

[6] Para as convenções adotadas quanto à grafia das notas-funções, associada à ideia de *espaço acordal*, ver Almada (2022, pp. 37-63).

[7] Na falta de um melhor termo. A ideia é apenas diferenciá-las de suas correspondentes alteradas, naturalmente mais «dissonantes».

[8] Embora não possam ser estritamente consideradas como tensões, as notas-funções ♭5 e ♯5 – a rigor, alterações da básica 5 (justa) – são, por uma questão de praticidade, posicionadas entre as tensões alteradas, tendo em vista as relações enarmônicas que mantêm com, respectivamente, ♯11 e ♭13.

[9] Lerdahl (2001). Em Almada (2013b), a ideia de tensão sensorial é observada a partir de outra perspectiva, tendo como premissa o estudo do contraponto em peças de música popular (nas quais uma ambientação harmônica é quase sempre

A melodia de Jobim

no presente contexto, ao grau de «descolamento», por assim dizer, entre uma determinada nota-estrutural e o acorde que a contém. Desse modo, uma melodia apoiada na nota-função fundamental (1) de um acorde apresentaria menor tensão sensorial do que num caso em que o apoio caísse sobre a sétima (7) ou a nona (9).

A Tabela 5.1 propõe uma possível quantificação para as diferenças de tensão sensorial entre as notas-funções. A ideia do modelo é que reflita, da maneira mais simples possível, nossas intuições sobre como se comporta a tensão sensorial (ou o descolamento entre melodia e acorde) nos diferentes casos.[10]

Tabela 5.1: Tensão sensorial de notas-funções.

nota-função	classe	tensão sensorial
1	básicas	0.5
5		1,0
4/3		1.5
6/7		2,0
9	tensões simples	3,0
11		3,5
13		4,0
14		4,5
♯5 / ♭13	tensões alteradas	5,5
♭5 / ♯11		6,0
♭9		6,5
♯9		7,0

Adicionalmente, proponho acrescentar 0,5 ponto a notas-funções de apoio não diatônicas (independentemente de sua categoria), que

---

presente), tornando-se, assim, próxima da abordagem deste capítulo.

[10] Nesse sentido, parece ser adequado que as mudanças de categoria correspondam a um considerável crescimento da tensão (um ponto a mais a cada «fronteira»), e que, internamente, as notas-funções sejam ordenadas da maneira proposta, que coloca as nonas alteradas (menor e aumentada) como pontos extremos da gradação.

incrementariam, a meu ver, o distanciamento entre melodia e acorde, embora numa dimensão mais global (ou seja, considerando aqui o campo tonal de uma determinada música).

5.2 Análises

Podemos agora passar para as análises dos trechos selecionados, considerando especificamente os apoios melódico-harmônicos que concluem os segmentos (ou c/r palavras, na terminologia adotada neste livro). As análises seguem uma ordem cronológica, buscando evidenciar como essa prática parece gradualmente se intensificar na carreira de Jobim. Essencialmente, a ideia não é apenas evidenciar tal aspecto, mas também algumas das maneiras com que o compositor usa criativamente a flutuação de tensão sensorial, incorporando-a à sua paleta como um verdadeiro recurso expressivo. Isso se daria tanto pela elaboração de verdadeiras trajetórias nessa dimensão (que nem sempre é evidente à escuta) quanto pela aplicação de sonoridades tensas em pontos de especial destaque.

O primeiro trecho a ser analisado (Figura 5.2) corresponde à seção inicial do samba-canção *Engano*, de Jobim e Luiz Bonfá, composto em 1956 (portanto, dentro da fase *BN).

Observe que, devido aos objetivos específicos da análise, apenas as notas de apoio (que fecham os segmentos) são ativadas. O mesmo se refere à letra, destacando-se as sílabas associadas a essas notas. Abaixo de cada finalização, círculos brancos ou pretos (indicando, respectivamente, notas diatônicas ou não diatônicas) são posicionados no nível de tensão sensorial correspondente. Abaixo, os pontos de apoio são reunidos num único gráfico, evidenciando o que podemos denominar a *trajetória de tensão sensorial* referente ao trecho. Ela pode ser expressa como a sequência de notas-funções: 13–♭13–1–1–1–13–9–1. Aplicando a essa sequência os valores propostos na Tabela 5.1, somando-os e dividindo o resultado pelo número de pontos de apoio, obtemos o *índice de tensão sensorial* (iTS) referente

A melodia de Jobim

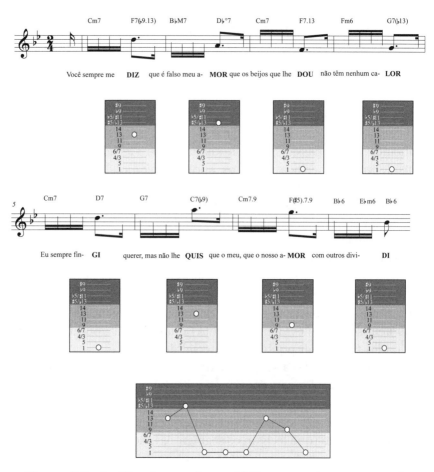

Figura 5.2: Análise dos apoios melódicos na primeira seção de *Engano* (c. 1–8).

ao trecho:

$$iTS = \frac{4{,}0+5{,}5+0{,}5+0{,}5+0{,}5+4{,}0+3{,}0+0{,}5}{8} = \frac{18{,}5}{8} = 2,31$$

Esse valor médio é relativamente alto (como se todos os apoios estivessem «um pouco» acima do nível da sexta ou da sétima, ou seja, da sonoridade tetrádica). Afinal, o índice iTS de um trecho de extensão semelhante no qual os apoios se dessem sobre notas-funções básicas de tríades (como acontece em canções mais «tradicionais») alcançaria, no máximo, o valor 1,5.

Apenas dois anos depois de *Engano*, Jobim, dessa vez em parceria com Newton Mendonça, comporia *Desafinado*. Trata-se de um verdadeiro manifesto musical da Bossa Nova, uma espécie de «libelo» do novo gênero, em resposta a parte das críticas, muitas delas oriundas da vaga impressão de alta dissonância (vocalizada por alguns até mesmo como «desafinação») que caracterizava as canções iniciais desse período. Em *Desafinado*, talvez pela primeira vez, apoios em tensões ou notas-funções de maior complexidade do que as costumeiras componentes triádicas (como era característico da música popular brasileira então vigente) são conscientemente aplicados como elementos adicionais na expressão da própria ideia básica da canção.

Ouso dizer que esse elemento torna-se, em certo sentido, o «ator principal» da interface música-texto, como a confirmar ironicamente que «sim, esta música é mesmo dissonante e – vá lá – *desafinada!*». De acordo com tal interpretação, as tensões atuariam, portanto, na expressão metafórica, como uma resposta musical dos compositores aos críticos.

Isso fica especialmente claro e explícito já ao final do primeiro verso do canto principal (ou seja, após a introdução, em recitativo)[11] – «Se você disser que desafino, amor» –, como mostra a análise da Figura 5.3: vê-se como a nota conclusiva se apoia propositalmente em uma das tensões alteradas mais pungentes, a décima

---

[11] Podemos ver aqui uma organização hierarquizada das c/r palavras: as de número ímpar se apresentam como preparatórias para os apoios mais intensos, que acontecem nas c/r palavras ímpares que finalizam os versos poéticos. Desse modo, a c/r palavra inicial, que conclui na nota-função 7 («... dis-**SER**»), corresponderia a um apoio relativamente «fraco» em relação ao principal, que imediatamente a segue.

primeira aumentada.[12] Após nova «descida» para a nota-função 7, o segundo verso se apoia sobre outra nota alterada, a quinta diminuta de A$^{\varnothing}$ que, em seguida, «desliza» na escala da tensão sensorial um degrau acima, tornando-se a nona menor de D7(♭9).[13]

Na segunda metade do trecho analisado (c. 16–19), observamos uma situação semelhante à anterior, ou seja, uma retração da tensão nas conclusões dos segmentos ímpares – desta vez alcançando os pontos mínimos da escala, as fundamentais dos respectivos acordes – preparando finalizações mais intensas nos apoios pares. Embora a última destas alcance a relativamente «baixa» nota-função 5, isso é duplamente compensado: pelo fato de a nota de apoio (Ré♭) não pertencer à escala da tonalidade, Fá maior; e pelo próprio contexto harmônico desse momento, o empréstimo modal ♭IIM7, um distanciamento em mais alto nível.

A sequência de notas-funções correspondente ao trecho analisado (7–♯11–7–[♭5–♭9]–1–♭9–1–5) alimenta o cálculo do índice de tensão sensorial:[14]

$$iTS = \frac{2{,}0+6{,}0(+0{,}5)+2{,}0+6{,}25(+0{,}5)+0{,}5+6{,}0(+0{,}5)+0{,}5+1{,}0(+0{,}5)}{8} = \frac{26{,}25}{8} = 3{,}28$$

Comparado ao que foi obtido em *Engano*, observamos como o trecho de *Desafinado* é, em média, consideravelmente mais tenso em seus apoios (um incremento de cerca de 42%).

Altos graus de tensão sensorial em apoios melódicos são característicos de diversas outras canções da fase BN, como, por exemplo, em *Samba do avião*, composta em 1962. De modo a tornar a análise mais concisa, a Figura 5.4 passa a destacar apenas as notas e os

---

[12]Além de não ser diatônica, o que aumenta o distanciamento percebido.

[13]Neste caso, como a nota se mantém durante a troca de acordes, parece lógico atribuir, para o cálculo do índice, um valor intermediário entre as tensões sensoriais de ♭5 (6,0) e ♭9 (6,5), ou seja, 6,25.

[14]Observe que, como convencionado, neste caso são acrescidas parcelas de 0,5 ponto às notas não diatônicas que, sintomaticamente, finalizam os versos.

Apoios melódico-harmônicos

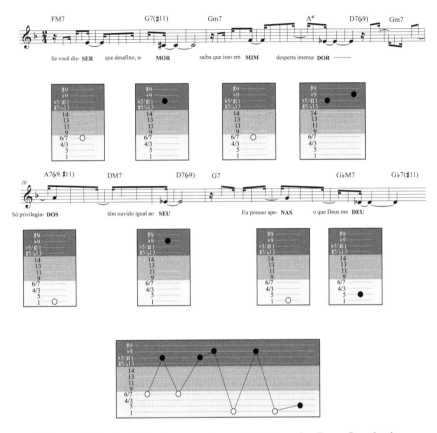

Figura 5.3: Análise dos apoios melódicos de *Desafinado* (c. 12–19).

acordes que concluem os segmentos, os elementos verdadeiramente relevantes para esse exame específico. A trajetória TS resultante tem um perfil diferente dos casos anteriores, fechando em alta, e atingindo o máximo de tensão na conclusão da seção inicial da canção.

Importante frisar que não defendo aqui que essa prática seja exclusiva de Jobim (uma influência jazzística, por certo, que alcançou

A melodia de Jobim

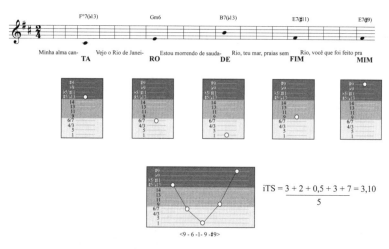

Figura 5.4: Análise dos apoios melódicos de *Samba do avião* (c. 1–16).

diversos outros compositores contemporâneos a ele, brasileiros ou não), nem que todas as composições bossa-novistas apresentam alta tensão sensorial em pontos de apoio melódico (há vários «contra-exemplos» dentro do repertório), muito menos que seja uma característica desse período criativo. Na verdade, essa preferência se estende ao período posterior, BN*, e, em certos casos, se intensifica.

Um bom exemplo de obra definitivamente fora da estética da Bossa Nova pode ser encontrado na belíssima *Eu te amo*, canção composta por Jobim e Chico Buarque.[15] A Figura 5.5 analisa dois trechos da peça, com comportamentos distintos da tensão sensorial nos apoios melódicos. No primeiro desses trechos (c. 9–15), observamos como os finais de versos se ancoram nas sétimas maiores de três acordes distanciados por segunda maior descendente. Embora as três notas (Lá♯, Sol♯ e Fá♯) sejam enarmonicamente equivalentes a graus da escala da tonalidade principal, Ré♭ maior (ou seja, Si♭,

---

[15]Para uma análise harmônica de *Eu te amo*, ver Almada (2022, pp. 222-236).

Láb e Solb), seus contextos harmônicos, de alta excentricidade tonal, nos levam a percebê-las como não diatônicas (daí, são indicadas com círculos pretos na análise).

No segundo trecho (c. 35–41), os apoios revelam uma nova estratégia. No que talvez seja o ponto climático da canção, o alvo de uma rápida subida melódica (indicada pela seta) – a nota Dó (13 do denso acorde Eb7.9($\sharp$11)) – coincide com o fechamento do verso «Se entornaste a nossa sorte pelo **chão**», numa pintura sonora que parece evidenciar o momento de total confusão vivido pelo eu lírico. Como que reforçando essa interpretação, a tensão sensorial alcança também seu ponto de maior latitude, reiniciando uma descida gradual,[16] em acordo com a própria trajetória descendente da melodia. Ao alcançar, ao final do trecho, a própria fundamental do acorde associado, a linha parece refletir o desalento advindo do definitivo reconhecimento pelo protagonista da perda de sua amada, após um breve momento de revolta.

---

[16] Excluindo essa súbita ascensão, a melodia de *Eu te amo* descreve quase que por inteiro um perfil descendente, essencialmente cromático.

A melodia de Jobim

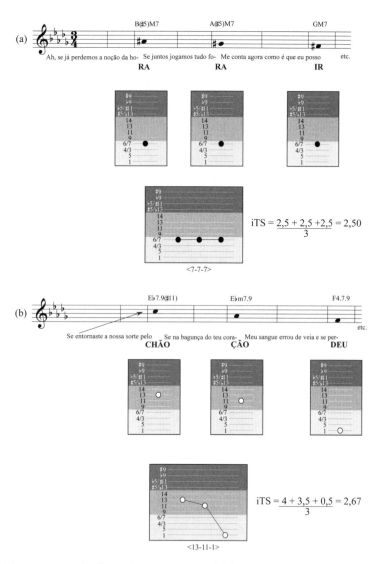

Figura 5.5: Análise dos apoios melódicos em dois trechos de *Eu te amo*: (a) c. 9–15; (b) c. 35–41.

Em *Passarim*, todos os versos da primeira seção se apoiam em notas de média-alta tensão sensorial, como mostra a análise da Figura 5.6, correspondendo aos 13 primeiros compassos.

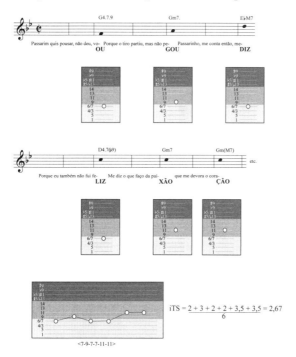

Figura 5.6: Análise dos apoios melódicos na seção inicial de *Passarim* (c. 1–13).

Por fim, a Figura 5.7 contempla a lírica seção inicial da canção *Bebel*, composta por Jobim em 1987. Sua tortuosa melodia, com alternâncias de saltos extensos ascendentes e descendentes, é enfatizada pelos apoios em relações complexas com a harmonia, resultando num consideravelmente alto índice de tensão sensorial.[17]

---

[17] Para uma análise harmônica desse mesmo trecho, na qual também são discutidas algumas interessantes relações motívicas, ver Almada (2022, pp. 142-148).

A melodia de Jobim

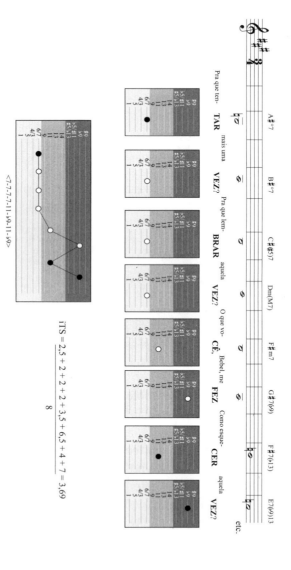

Figura 5.7: Análise dos apoios melódicos na seção inicial de *Bebel* (c. 1–16).

6
Linhas cromáticas

Este capítulo é especialmente dedicado a examinar uma das mais típicas práticas jobinianas, o uso da escala cromática como base para a construção de linhas melódicas. Embora essa preferência seja mais comumente associada a linhas de baixo, formas alternativas também estão presentes, o que me motivou a criar uma tipologia para tais situações.

É normalmente dito que os baixos em uma textura musical formam uma «segunda melodia», em oposição à principal, que, em geral, atua na parte mais aguda. Por certo, a necessidade de criação de baixos «melódicos» se origina do fato de que, ao ouvirmos um trecho polifônico, tendemos a perceber, em primeiro plano, as frequências mais altas, e, em seguida, as mais baixas da textura (normalmente, as frequências intermediárias ficam, perceptivamente, em um plano de fundo, com difícil discernimento da lógica de suas linhas). No âmbito da música popular, é possível citar, como exemplos disso, as baixarias do violão de sete cordas, em choros e sambas, ou ainda as sinuosas linhas de baixo criadas por Paul McCartney em diversas gravações dos Beatles.

Quando na voz mais grave, linhas cromáticas se tornam ainda

mais evidentes, dado o poder de direcionalidade que segmentos da escala cromática inerentemente imprimem a melodias. Na verdade, em qualquer contexto musical, uma sequência cromática nos soa como algo transitório, de extensão indefinida enquanto não alcança seu objetivo, um ponto estável ou, mais precisamente, uma nota-alvo (em geral, ancorada firmemente na harmonia). Após atingir esse objetivo, percebemos retroativamente o trecho cromático como uma espécie de preenchimento melódico do intervalo formado entre a nota inicial da sequência e seu alvo.

Desse modo, uma linha cromática se reveste naturalmente desse caráter indefinido (quase como uma «nota promissória» que o cérebro emite aos centros de cognição musical, como que «contando» com a resolução futura no ponto de chegada). Quando associadas a contextos harmônicos – como invariavelmente acontece na música de Jobim –, essas linhas cromáticas (e não apenas nos baixos) contribuem sobremaneira para elevar a complexidade global, algo que é sempre explorado com grande criatividade pelo compositor. A recorrência desse uso nos permite conjecturar, muitas vezes, se as linhas não seriam primeiro idealizadas, formando assim uma estrutura primordial à qual a escolha dos acordes que as contêm estaria subordinada.[1]

Quando observadas em relação a uma ou duas outras linhas referenciais, linhas cromáticas envolvem a noção de *polifonia*,[2] o que será visto mais adiante. Proponho iniciar a abordagem com casos mais simples (e, relativamente, mais raros no repertório jobiniano),

---

[1] Ainda que seja inevitável considerar as correlações entre as linhas e as harmonias, já que ambas não podem ser inteiramente desvinculadas, o enfoque aqui será essencialmente melódico.

[2] O estudo da polifonia, por sua vez, é mediado pelos princípios do *contraponto*, de antiquíssima tradição, cujos fundamentos mais básicos serão eventualmente evocados nas análises deste capítulo. Mais especificamente, consideraremos as condições especiais do contraponto em música popular que, diferentemente da pedagogia tradicional, leva em conta os contextos harmônicos nos quais as linhas polifônicas se integram. Para maiores informações sobre o contraponto em música popular, ver Almada (2013b).

nos quais a estrutura cromática se apresenta na própria melodia principal.

6.1 Cromatismo na melodia principal

O primeiro exemplo considera os compassos iniciais de uma melodia não harmonizada de choro, composta por Jobim. A peça é inédita, portanto será identificada como mJ-9.

A Figura 6.1 apresenta o trecho entre os compassos 1 e 9. Dois níveis analíticos permitem constatar como a melodia é construída a partir de uma infraestrutura cromática: logo abaixo da pauta, uma análise aos moldes schenkerianos destaca os pontos essenciais dessa espinha dorsal, que é então isolada no gráfico inferior, no qual as alturas são reconfiguradas como quadrados e retângulos adjacentes no espaço cromático. Essa perspectiva permite identificar dois «arcos» cromáticos: o primeiro (c. 1–5) cobre uma ascensão de Fá♯ a Lá, depois retornando «lentamente» ao ponto inicial. O segundo «arco» (c. 5–9) também começa ascendentemente, e liga Si a Mi, descendo em seguida até Lá, ponto onde começa uma repetição da ideia melódica.[3] No c. 8, a linha se divide em duas descidas cromáticas alternadas, num procedimento comumente denominado «melodia composta».

A bem da verdade, o cromatismo melódico é um recurso bastante idiomático em choros, porém é, em geral, limitado a pequenos segmentos isolados. A melodia desse choro de Jobim, ainda que se mantendo firmemente idiomática, é peculiar pela amplitude do tratamento cromático, sutilmente disfarçado por notas auxiliares.

Mais comum é a presença de diálogos entre uma melodia croma-

---

[3]É possível considerar entre Si e Lá, ao final da linha, a presença de um Si♭ «implícito» completando o cromatismo descendente, como sugerido pelos parênteses na análise schenkeriana e pelo quadrado em linha tracejada no gráfico inferior (algo semelhante acontece em relação ao Fá♯ da linha mais grave da melodia composta).

A melodia de Jobim

Figura 6.1: Cromatismo na melodia da peça mJ-9 (c. 1–9).

tizada e outra voz. O início de *Inútil paisagem* (Jobim e Aloysio de Oliveira) ilustra um caso notável de movimento cromático contrário entre a linha do canto e o baixo dos acordes (Figura 6.2). Na verdade, esse inusitado movimento contrário (denominado no jargão da teoria em música «cunha divergente») que abre a canção e lhe dá um charme único parece ser o germe de sua própria ideia básica, à qual a escolha dos acordes iniciais é visivelmente subordinada. O exemplo destaca ainda as relações intervalares entre as duas vozes, revelando um gradual acréscimo de tensão sensorial (ver capítulo 5), que é, então, dissipada na oitava que fecha o segmento, como se fosse uma resolução de dissonância, nos termos do contraponto tradicional.

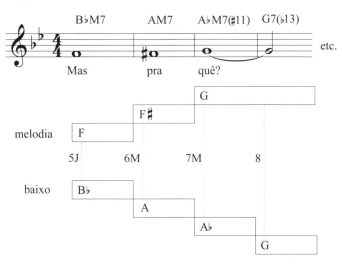

Figura 6.2: Cromatismo na melodia e no baixo de *Inútil paisagem* (c. 1–4).

Outro exemplo de melodia e baixo cromáticos, ambos agora em idêntica direção, descendente, é apresentado na Figura 6.3. Trata-se do início de outra peça inédita de Jobim (rotulada aqui como mJ-10). O que há de mais peculiar neste caso é a diferença entre as «velocidades» das descidas cromáticas: enquanto o baixo progride a cada troca de compasso, o padrão da melodia é mais intenso, envolvendo três degraus por compasso. Mesmo considerando as repetições (indicadas em cinza no gráfico), a amplitude melódica é maior (uma terça maior descendente) do que a da linha do baixo (terça menor). Destaquem-se ainda as relações intervalares entre as duas vozes, que alternam sétimas maiores e oitavas nas mudanças de compasso.

A melodia de Jobim

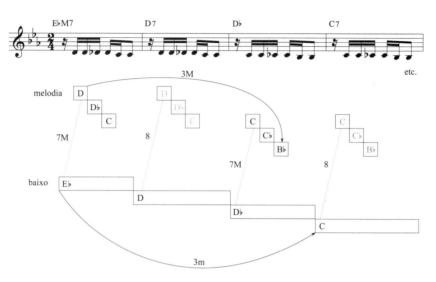

Figura 6.3: Cromatismo na melodia e no baixo da peça mJ-10 (c. 1–4).

Uma situação essencialmente semelhante a essa, porém realizada de maneira bem mais complexa, pode ser encontrada na entrada do canto de *Eu te amo* (Jobim e Chico Buarque). A Figura 6.4[4] apresenta uma redução do trecho entre os compassos 9 e 17,[5] revelando a existência de dois padrões cromáticos (novamente, melodia × baixo) que se desenrolam de acordo com lógicas distintas.[6]

O gráfico analítico dos movimentos cromáticos confirma a se-

---

[4]Trata-se de uma adaptação da Figura 8.10 que integra uma análise harmônica da canção (Almada, 2022, p. 232).

[5]A mesma passagem é analisada no capítulo 5 em relação aos pontos de apoio melódico.

[6]É relevante mencionar que o contorno quase que inteiramente descendente e cromático que caracteriza essa canção é consistente com a temática pesarosa e pungente de sua letra, associando-se à tradição do *baixo de lamento*, recurso empregado com fins expressivos por compositores barrocos (notadamente, por Johann Sebastian Bach), a partir dos princípios da Teoria dos Afetos.

melhança com a estratégia adotada no caso anterior, o que inclui até mesmo a alternância entre sétimas maiores e oitavas nos pontos de encontro entre melodia e baixo. Novamente, a linha superior descreve descidas mais rápidas (desta vez, cobrindo um intervalo de trítono), o que é por duas vezes sequenciado, resultando no total em um âmbito de sétima menor (contra um âmbito de sexta maior no baixo).

A melodia de Jobim

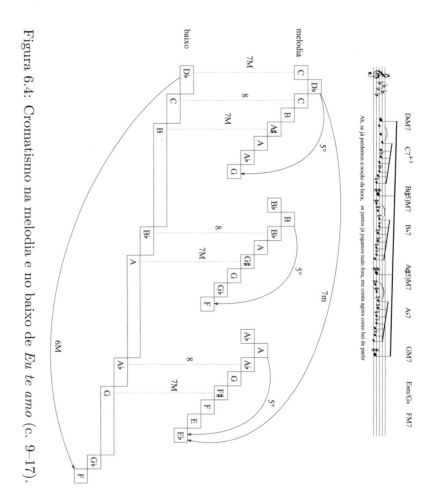

Figura 6.4: Cromatismo na melodia e no baixo de *Eu te amo* (c. 9–17).

Um exemplo consideravelmente diferente, porém com semelhante complexidade, pode ser encontrado na ideia principal da peça instrumental *Surfboard* (Jobim). De acordo com o arranjo do próprio compositor, a linha melódica, num padrão rítmico conflitante com a métrica notada,[7] alterna movimentos essencialmente cromáticos ascendentes e descendentes, sendo acompanhada por outras vozes com mesmo ritmo, formando *voicings* em espaçamento fechado, cujas linhas têm comportamento semelhante ao da melodia.[8] De modo a evidenciar mais claramente a situação, a Figura 6.5 apresenta uma redução do arranjo de Jobim nos compassos iniciais, considerando apenas a melodia e a voz de acompanhamento mais aguda. Como em *Inútil paisagem*, os acordes parecem ser especialmente escolhidos para permitir uma maximização do cromatismo das vozes. O gráfico abaixo das pautas inclui outra voz do arranjo, mais grave e cromaticamente mais *lenta* do que as superiores, revelando a complexidade das relações contrapontísticas envolvidas, abarcando movimentos paralelos, contrários e oblíquos. Linhas indicam as poucas conexões por grau conjunto que não são semitonais. Observe ainda que no quarto compasso uma nova voz, mais aguda, é adicionada (o Sol$_3$), cobrindo a linha da melodia e preparando a sequenciação do padrão temático, uma segunda maior abaixo em relação ao modelo.

---

[7]Esse padrão é formado por sequências de duplas de colcheias seguidas por uma pausa, também de colcheia, o que resulta numa extensão de 2,5 tempos. Essa configuração, ao ser repetida, entra em conflito métrico com a fórmula de compasso da peça (4/4), tanto no nível da superfície quanto no nível dos agrupamentos (a ideia principal resulta de nove repetições do padrão), pois a frase seguinte, que sequencia a principal, inicia-se numa posição métrica diferente daquela, no quarto tempo do c. 4.

[8]Os movimentos ondulatórios da melodia e de seus acompanhamentos parecem evocar o cenário sugerido pela peça, ou seja, o mar revolto.

A melodia de Jobim

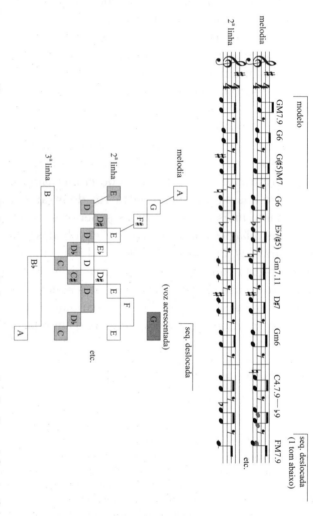

Figura 6.5: Cromatismo na melodia e nas linhas internas de *Surfboard* (c. 1–4).

6.2 Cromatismo na linha do baixo

Neste tipo, é o baixo o principal agente cromático, vinculando-se à estrutura harmônica.[9] Em *Água de beber* (c. 49–52), de Jobim e Vinicius de Moraes (Figura 6.6), temos uma ilustração do caso mais simples: a linha cromática descendente, descrevendo um âmbito não muito extenso (uma quarta justa, no exemplo), acompanha um determinado segmento melódico não cromático. De maneira característica, esses trechos não acontecem nos inícios das peças (como nos exemplos da seção anterior), mas em pontos intermediários.[10]

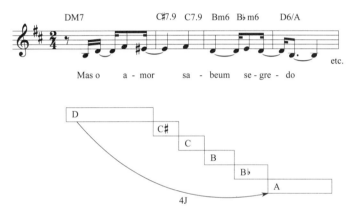

Figura 6.6: Cromatismo no baixo de *Água de beber* (c. 49–52).

No emprego de cromatismo que é talvez o mais tipicamente jobiniano, a linha do baixo sustenta uma melodia estática, o que – interessantemente – sempre tem lugar no *início* da composição.

---

[9]Como a maior parte dos manuscritos inéditos de Jobim apresenta apenas uma linha melódica não harmonizada, o *corpus* ci não fornecerá exemplos para esta e para a próxima seção do capítulo. Isso não significa, evidentemente, que as situações aqui examinadas não ocorram nessas peças, apenas que faltam elementos (mais especificamente, os contextos harmônicos) para explicitá-las.

[10]Para duas situações bem semelhantes, incluindo o âmbito cromático no baixo, ver as canções *Modinha* (c. 10–13) e *Ela é carioca* (c. 23–26), ambas também compostas por Jobim e Vinicius de Moraes.

A melodia de Jobim

A Figura 6.7 apresenta cinco instâncias: *Samba de uma nota só* (Jobim e Newton Mendonça) pode ser certamente considerado o caso prototípico dessa prática.[11] A melodia de *Corcovado* (Jobim), em (b), embora não exatamente feita «numa nota só», é centrada em Mi$_3$, ornamentada pelas bordaduras em Fá, como evidenciado pela redução analítica.

---

[11]Guardando as devidas proporções e as particularidades de cada peça, a mesma estratégia, em linhas gerais, é aplicada nos inícios de *Passarim* (Jobim) e *Soneto de separação* (Jobim e Vinicius de Moraes). Ambas as canções são analisadas sob a perspectiva harmônica em Almada (2022, pp. 209–214 e 236–240).

Linhas cromáticas

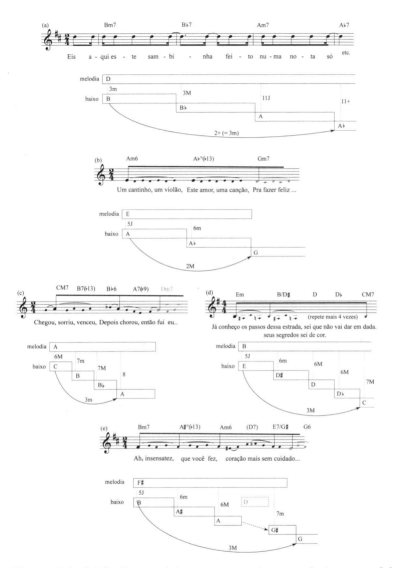

Figura 6.7: Melodias estáticas e cromatismo no baixo em: (a) *Samba de uma nota só* (c. 1–4); (b) *Corcovado* (c. 13–17); (c) *Brigas nunca mais* (c. 9–12); (d) *Retrato em branco e preto* (c. 1–4) e (e) *Insensatez* (c. 9–17).

A melodia de Jobim

Casos bastante semelhantes ao de *Corcovado* acontecem em *Brigas nunca mais* (Jobim e Vinicius de Moraes) e *Retrato em branco e preto* (Jobim e Chico Buarque), dispostos também como reduções analíticas em (c) e (d).[12] O último exemplo (e), *Insensatez* (Jobim e Vinicius de Moraes), traz um interessante elemento distintivo: a linha cromática do baixo é temporariamente interrompida com a entrada de D7, intercalando Am6 e E7/G♯. Em seguida, a linha prossegue por mais um degrau, alcançando a nota Sol, baixo sobre o qual se inicia a segunda frase da melodia.

Um exemplo mais complexo da combinação de estaticidade melódica e cromatismos pode ser encontrado em *Águas de março* (Jobim), como mostra a Figura 6.8. Nessa canção, a configuração estática mantida (quase que por inteiro) na melodia não se baseia em uma única nota, mas na alternância de duas, Mi e Dó. Além da linha de baixo cromática, descrevendo um âmbito de quarta justa descendente, observa-se a presença de uma voz interna, essencialmente cromática, inicialmente em sextas maiores paralelas com o baixo e, em seguida, movimentando-se contrária e obliquamente em relação a ele.

6.3 Cromatismo em linha interna

Neste tipo, há basicamente duas situações relativamente recorrentes a considerar. Na primeira delas, a voz interna cromática (isto é, abaixo da melodia) se desenrola sobre um baixo estático (ou baixo pedal). Ou seja, esse caso geral pode ser visto como uma versão em *duplo contraponto* (ou *contraponto invertível*) em relação às situações descritas na seção anterior.

A Figura 6.9 ilustra essa situação com três trechos bem semelhantes, correspondendo aos inícios de *Bonita* (Jobim, Gene Lees e Ray Gilbert), *Caminhos cruzados* (Jobim e Newton Mendonça)

---

[12]Embora instrumental, a introdução de *Ela é carioca* (Jobim e Vinicius de Moraes), c. 1–5, apresenta um comportamento bastante similar ao desses casos.

Linhas cromáticas

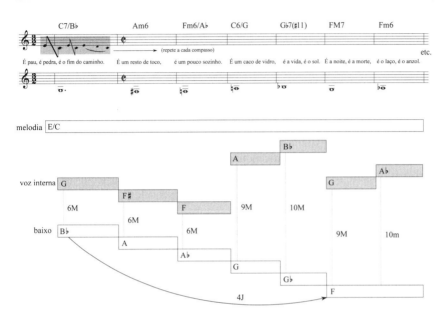

Figura 6.8: Melodia estática (em duas notas) sobre cromatismos em linha interna e no baixo em *Águas de março* (c. 5–11).

e *Vivo sonhando* (Jobim), este abrangendo os primeiros compassos da introdução instrumental.

Os três exemplos apresentam instâncias de *clichês cromáticos*. Trata-se de um termo do jargão musical que busca descrever situações nas quais linhas cromáticas (ascendentes ou descendentes) são adicionadas a uma harmonia estática, resultando em um prolongamento (no sentido schenkeriano) dessa sonoridade acordal. No caso mais comum de clichê cromático, uma tríade menor é mantida enquanto uma linha cromática descendente (interna, na melodia ou no baixo) descreve a sequência de notas-funções 1–7M–7–6–♭6–5 (quer se apresente completa ou não). É basicamente o que acontece em *Bonita* (a), com a diferença de que, ao alcançar a nota-função 6, a direção cromática é revertida.[13] Essa estratégia é também observada na introdução de *Vivo sonhando* (c), porém com a descida iniciando na 7M e se estendendo até a ♭6. Em *Caminhos cruzados* (b), a descida também se inicia na 7M, mas desta vez envolve uma sonoridade em modo maior e não é revertida.

Por certo, o caso mais marcante do tipo «linha interna cromática × baixo estático» está presente na seção C de *Chovendo na roseira* (Jobim), como apresentado na Figura 6.10.[14] A linha de acompanhamento à melodia do trecho é formada por nada menos do que 12 passos diatônicos cromáticos descendentes – ou seja, uma oitava, entre Mi♭$_3$ e Mi♭$_2$ –, ambas sobre um baixo pedal no centro tonal provisório Si♭. Assim, as notas dessa escala cromática vão assumindo diferentes funções, à medida que os acordes se sucedem. Como sugerido na análise da canção, em *A harmonia de Jobim*,[15] a própria escolha dos acordes nessa passagem parece ser subordinada à realização da descida da linha interna.

---

[13] A mesma configuração é aplicada em duas sequências modulatórias, envolvendo as tríades de Gm e Dm.

[14] Adaptada da Figura 10.5, originalmente usada na análise harmônico-temática da canção (Almada, 2022, p. 280).

[15] Almada (2022, pp. 283–294).

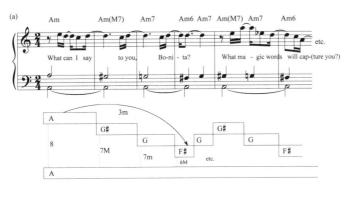

Figura 6.9: Linhas internas cromáticas contra baixos estáticos: (a) *Bonita* (c. 9–13); (b) *Caminhos cruzados* (c. 1–4); (c) *Vivo sonhando* (c. 1–4).

A melodia de Jobim

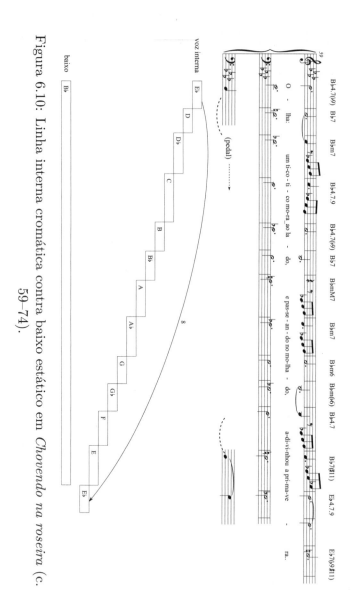

Figura 6.10: Linha interna cromática contra baixo estático em *Chovendo na roseira* (c. 59–74).

Finalizando esta seção, resta apenas examinar uma interessante aplicação específica de linhas internas cromáticas, a saber, integrando cadeias de dominantes secundários consecutivos (DC, por simplicidade).[16]

Uma das propriedades mais significativas no encadeamento desses acordes é a chamada «transmissão cromática» dos trítonos envolvidos, caracterizada pela alternância das notas-funções 3 e 7, antecedendo a resolução em um acorde-alvo (Figura 6.11). Como raramente cadeias de DCs empregam inversões, a linha das notas-guia é contraposta a saltos de quarta justa nos baixos.

Figura 6.11: Exemplo de cadeia de dominantes consecutivos.

Tal propriedade, associada a sequências alternadas dessas notas-funções,[17] foi por séculos explorada por compositores barrocos, clássicos e românticos.[18] No contexto da música popular, as sequências cromáticas são potencializadas pelo acréscimo de tensões, dispostas em vários possíveis esquemas, como a configuração exemplificada na

---

[16]O notável e diversificado emprego de cadeias DC por Jobim foi estudado em detalhes em uma pesquisa de mestrado em Música recentemente concluída, por Max Kühn (Kühn, 2022). Alguns dos resultados e conclusões desse trabalho serão considerados aqui. Com um viés teórico alternativo, a temática também é explorada em Almada & Kühn (2022).

[17]Informalmente denominadas *notas-guia* (*guide notes*, na terminologia original, em inglês).

[18]Eis, entre muitos outros, um par de exemplos nos quais a realização dos DCs explicita a «transmissão tritônica»: Bach, *Allemande* da Partita em Lá menor para flauta solo (c. 16–17); e Mozart, primeiro movimento da Sonata para Piano KV. 280, em Fá maior (c. 36–38).

A melodia de Jobim

Figura 6.12, formada pela alternância de nonas maiores e décimas terceiras menores.[19]

Figura 6.12: Cadeia de DCs da Figura 6.11 enriquecida por linha cromática formada por tensões.

Um perfeito exemplo dessa prática tipicamente jobiniana pode ser encontrado em *Inútil paisagem* (Jobim e Aloysio de Oliveira), na cadeia DC destacada pela Figura 6.13. As relações intervalares medidas (em relação às fundamentais/baixos dos acordes) informam agora as notas-funções que integram a linha. Colateralmente, a melodia se mantém quase por inteiro estática, reiterando esse procedimento característico do compositor.

Bastante semelhante a esse padrão é o caso de *Wave* (Jobim), apresentado na Figura 6.14, com a única diferença de ter a linha cromática de tensões iniciada um compasso antes da cadeia DC, com a nota-função substituta 6.

---

[19]Diversas alternativas são possíveis, incluindo o emprego de acordes dominantes com quarta (resolvendo na terça sobre a mesma fundamental), o que permite movimentos oblíquos cromáticos em cadeias.

Linhas cromáticas

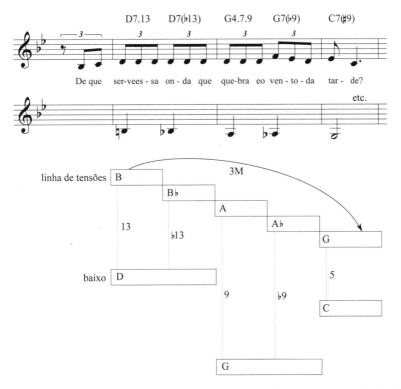

Figura 6.13: Trecho com linha cromática de tensões em *Inútil paisagem* (c. 9–11).

A melodia de Jobim

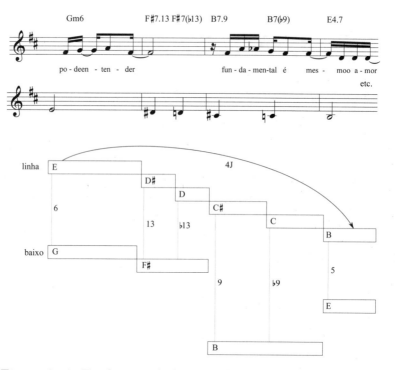

Figura 6.14: Trecho com linha cromática de tensões em *Wave* (c. 11–14).

As sequências DCs podem ser também «decompostas» como sequências de *locuções dominantes*, também conhecidas como fórmulas de «II relativos»,[20] como as que formam a harmonia da frase inicial de *Angela* (Jobim), apresentada na Figura 6.15. Neste caso, as locuções são construídas com acordes de qualidade meio diminuta, dando um charme especial à passagem.[21] O padrão nessa sequência alterna notas-funções 9 e ♭13.

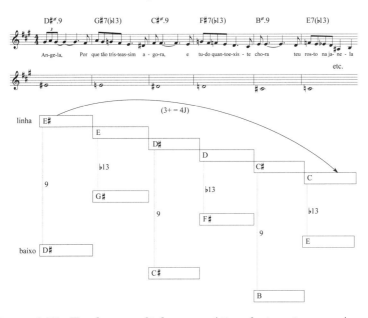

Figura 6.15: Trecho com linha cromática de tensões em *Angela* (c. 1–6).

---

[20] Para uma descrição detalhada desse recurso, ver Almada (2009a, pp. 119–125). Para o emprego específico de locuções por Jobim em sua construção harmônica, ver Almada (2022, pp. 97–101).

[21] Como discutido em *A harmonia de Jobim*, os acordes meio diminutos parecem ter para o compositor uma função adicional de expressividade, o que se percebe especialmente (mas não apenas) em canções com títulos em nomes femininos (Luiza, Ana Luiza, Bebel etc.), como é, aliás, o caso do presente exemplo.

A melodia de Jobim

Embora constituindo um tipo distinto (baixo cromático), o início da canção *Só saudade* (Figura 6.16a), composta em 1956 por Jobim e Newton Mendonça, apresenta notáveis semelhanças com o trecho de *Angela* (escrita exatamente 20 anos depois) previamente analisado na Figura 6.15. Uma comparação estrutural de ambas as passagens (b) revela que compartilham uma estratégia composicional baseada na noção de «velocidades cromáticas» distintas entre duas vozes.[22]

Como se observa nas análises estruturais das duas melodias, podemos destacar dois elementos básicos que organizam o fluxo melódico: um plano hierárquico mais profundo (indicado pela barra cinza), ancorado na escala de tons inteiros (abarcando dois passos em *Só saudade* – Sol→Fá – e três em *Angela* – Lá→Sol→Fá), ao qual é subordinada a aplicação de segmentos de quatro passos cromáticos descendentes (barra preta, abrangendo uma terça maior).

---

[22]Indo um pouco além, é possível ver o mesmo procedimento aplicado em *Eu te amo*, embora numa disposição mais complexa (comparar com a Figura 6.4).

Linhas cromáticas

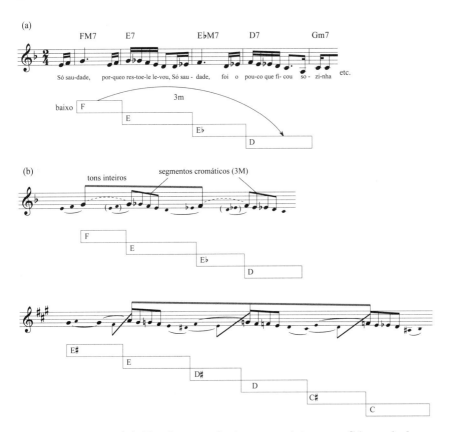

Figura 6.16: (a) Trecho com baixo cromático em *Só saudade* (c. 1–5); (b) análise estrutural dos inícios de *Só saudade* e *Angela*.

***

Em conclusão ao capítulo, podemos listar as seguintes observações:

- Linhas cromáticas são elementos característicos da música jobiniana, podendo ser aplicadas na melodia principal, no baixo ou, de maneira menos evidente, em vozes internas;

- Ainda que possa ser eventualmente encontrado em sua forma ascendente, o cromatismo descendente é muito mais comum, especialmente nas linhas de baixo;

- Sob uma perspectiva contrapontística (ou seja, a partir das relações entre duas ou mais linhas), o conjunto de estratégias observadas nas análises pode ser subdividido em três tipos básicos: (a) movimentos paralelos ou similares, neste caso quase sempre envolvendo duas vozes cromáticas (melodia e baixo, por exemplo) com «velocidades» diferentes (como em *Eu te amo*); (b) movimentos cromáticos contrários (é o caso da abertura de *Insensatez*); (c) movimentos oblíquos, que talvez sejam o tipo mais comum e diversificado em possibilidades. Esse tipo é caracterizado pela combinação de uma descida cromática e uma linha formada pela manutenção de uma altura constante, seja literalmente (como em *Samba de uma nota só*) ou não (*Corcovado*, *Insensatez* etc.). Os esquemas gráficos da Figura 6.17 representam os três tipos como relações contrapontísticas básicas entre duas vozes. Eles devem ser considerados como abstrações, nas quais é indiferente a posição vertical de cada voz (ou seja, são invariáveis sob a perspectiva do contraponto invertível).[23]

---

[23] De acordo com a Teoria das Classes de Conduções de Vozes Parcimoniosas (Almada, 2020), tais esquemas são associados, respectivamente, às *subclasses* PVL a2, b6 e b5. Esta última, congregando o movimento cromático descendente a uma ausência de movimento, é justamente a alternativa predominante no conjunto de DCs de Jobim, como documentado por Max Kühn em sua referida pesquisa de mestrado. Na análise de Kühn, a subclasse b5 apresenta 23% das ocorrências, superando as outras 49 subclasses (que incluem também relações de três vozes) por larga margem percentual (Kühn, 2022, pp. 130-133). Essa constatação é bastante significativa, tendo em vista que b5 corresponde, em suma, a uma otimização da economia na relação entre duas vozes, já que um cromatismo contraposto à ausência de movimentação equivale ao mínimo deslocamento intervalar possível entre as duas vozes. Isso, por si só, diz muito

Linhas cromáticas

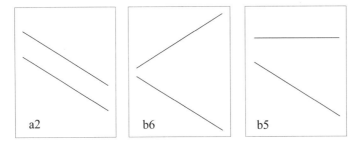

Figura 6.17: Representações dos três tipos de relações cromáticas, associados às subclasses PVL a2, b6 e b5.

---

sobre o pensamento composicional de Jobim; eu diria mesmo que o sintetiza.

7
Organização temática

Um dos aspectos mais relevantes para o estudo de melodias é a organização formal. Cabe aqui considerar o pensamento de Arnold Schoenberg, para quem o propósito primordial da forma em um discurso musical é promover *compreensibilidade*.[1] Em suma, este capítulo busca examinar como determinadas sequências de notas são articuladas de modo a produzir significados. Aqui o enfoque será ajustado a um nível acima daqueles adotados no modelo FM; além, portanto, da organização das c/r palavras. A Figura 7.1 esquematiza o processo recursivo do modelo, que consiste em três níveis: o das c/r letras, o de suas combinações na formação de c/r palavras e, por fim, o da concatenação destas para a geração de c/r sentenças. No contexto específico deste capítulo, por conveniência, proponho renomear c/r sentenças como «temas», adotando aqui uma acepção muito especial para o termo, não necessariamente semelhante àquelas mais consensuais. Serão justamente as configurações desses «temas» que estarão em foco.

Assim, um «tema»[2] jobiniano consiste na melodia de uma peça

---

[1] Schoenberg (1984, p. 215).

[2] A partir deste ponto, o termo deixará de ser grafado entre aspas, assumindo que seu significado especial, ajustado ao contexto do capítulo, já esteja

A melodia de Jobim

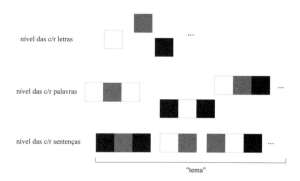

Figura 7.1: Representação esquemática dos níveis recursivos do modelo FM.

do compositor, de tal maneira que abranja a extensão de sua *forma nominal*. Esse conceito, por sua vez, deve ser entendido como a totalidade do material melódico-harmônico essencial da peça, apresentado na ordem natural dos eventos. Opõe-se à noção de *forma de realização*, que corresponde à organização da forma nominal visando à *performance* da peça, e que envolve decisões diversas relacionadas ao arranjo, como o número de «rotações» ou *choruses* necessário para sua apresentação (ou gravação), a elaboração de introduções, interlúdios ou codas, bem como instrumentação, mudanças de andamento, de texturas etc. Em suma, a forma nominal é uma representação abstrata da peça, e a forma de realização a concretiza.

Antes de passarmos propriamente ao exame das estruturas temáticas presentes no repertório analisado, torna-se necessário considerar alguns conceitos básicos importantes.

---

devidamente assimilado.

7.1 Similaridade e contraste

O reconhecimento de uma forma – e não apenas musical – depende essencialmente da interação de duas «forças» opostas, *similaridade* e *contraste*. O cérebro humano (mais especificamente, o neocórtex) é equipado com a capacidade de identificar essas relações, o que nos permite, em última instância, entender o próprio mundo. Conseguimos, por exemplo, reconhecer visualmente o rosto de uma pessoa mesmo em ângulos, iluminações e posições diferentes, independentemente de variações superficiais (uso de óculos, barba, chapéu, cortes de cabelo, maquiagem etc.) ou não (como o reconhecimento de alguém em fases diferentes da vida, ou até mesmo de traços fisionômicos em seus familiares). A mesma capacidade é associada a um mecanismo cognitivo vital, que permite classificar entidades (concretas ou abstratas) em grupos, a partir do estabelecimento de relações de similaridade. Isso é efetivado pela habilidade que temos naturalmente em reconhecer propriedades compartilhadas por quaisquer coleções de coisas afins, ainda que relativamente distintas em aspectos mais superficiais.[3] Pense, por exemplo, como a palavra «automóvel», representada certamente por uma imagem mental diferente em cada cérebro humano, congrega todas as possíveis manifestações concretas sobre esse conceito abstrato, incluindo mesmo veículos de desenhos animados (como em *Corrida maluca*), carrinhos de brinquedo, calhambeques, idealizações futuristas e, potencialmente, qualquer item diferenciado que, porventura, encontremos. O mesmo se aplica, claro, a outras categorias, como «aves» (canário, pinguim, avestruz etc.), cadeiras, pinturas abstratas, telefones, romances, canetas, filmes de mistério etc.

No presente caso, isto é, envolvendo formas musicais, a categorização de incontáveis manifestações concretas de estruturas existentes em um número bastante menor de classes abstratas é uma

---
[3]Vimos algo assim no capítulo 4, com os gestos de contorno em relação a contornos específicos.

etapa essencial para seu mapeamento e seu entendimento analítico. Embora, por exemplo, *todos* os movimentos em forma sonata compostos por Mozart sejam, sob uma perspectiva estrita, rigorosamente diferentes entre si (pois, se não, seriam meras cópias uns dos outros), formam uma única classe abstrata, a classe das «formas sonata compostas por Mozart». Em um nível superior, tal classe, por sua vez, pode ser considerada como integrante do superconjunto das «formas sonata do período clássico», que reuniria também os movimentos compostos por Beethoven, Haydn, entre vários outros; e assim por diante.

No caso do contexto deste livro – inserido no universo da música popular –, as coisas são bem menos complexas e diversificadas em relação ao que acontece na música de concerto, como veremos, diminuindo radicalmente as alternativas disponíveis de classificação.

O exame das classes temáticas que serão consideradas neste capítulo requer uma abordagem mais aprofundada da dualidade similaridade/contraste. Ainda que, como discutido acima, consigamos de maneira relativamente simples e intuitiva reconhecer que duas coisas são similares ou contrastantes, não é nada fácil *quantificar* tais relações em valores absolutos (felizmente, isso não será proposto no escopo deste livro). Em outras palavras, similaridade ou contraste são atributos *relativos*, fortemente dependentes de contexto. A Figura 7.2 ilustra esse ponto com um exemplo bem simples.

Claramente, o motivo hipotético *a* mantém relações de similaridade (S) com *b* e *c*, bem como de contraste (C) com *d*. Embora seja evidente o contraste, as similaridades não têm o mesmo peso. Como *b* é uma cópia exata de *a*, S_{a-b} é uma relação «mais similar», por assim dizer, do que S_{a-c}. Em outros termos, se comparada à primeira, S_{a-c} torna-se uma relação *contrastante*, por mais estranho que possa parecer, a princípio. Posto de outro modo, S_{a-c} é mais *divergente* em relação ao elemento referencial do que S_{a-b}. Se é assim num exemplo tão elementar como este, é fácil imaginar como

Organização temática

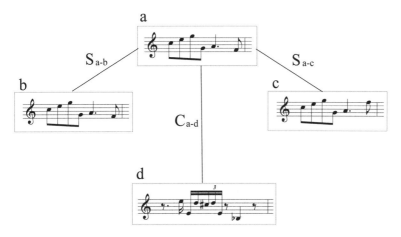

Figura 7.2: Relações de similaridade (S) e contraste (D) entre um motivo básico a e três outros (b, c, d).

a complexidade pode aumentar em situações musicais reais. Não cabe aqui aprofundar tal discussão, mas voltarei a esse ponto no próximo capítulo, a partir de uma abordagem distinta.

Deixando de lado os desdobramentos mais complexos dessa dualidade, proponho que nos concentremos em sua essência, visando a objetivos mais imediatos. Desse modo, examinaremos na próxima seção como as relações de similaridade e contraste se comportam como os atores principais na evidenciação das formas e, especificamente, dos temas jobinianos.

7.2 Estruturas mono e multissecionais

Numa clivagem inicial, consideremos que as estruturas formais no contexto do repertório analisado podem se apresentar como seções únicas ou como compostas por seções distintas.[4] Enquanto o pri-

---

[4]Nesse caso, desconsiderando o nível das formas multimovimentos, típicas da música de concerto. São desse tipo, por exemplo, sinfonias, sonatas, suítes etc.

meiro caso não requer comentários adicionais nesse nível básico, as formas multisseccionais podem ser subdivididas em diferentes categorias. Consideremos, para efeito da análise deste capítulo, apenas três subtipos: (1) binárias, (2) ternárias e (3) outras organizações (quaternárias, quinárias etc.).

Como acima apresentado, a definição dos subtipos se faz, essencialmente, pela disposição das relações de similaridade e contraste entre as seções componentes. O esquema da Figura 7.3 contempla as estruturas binária e ternária.

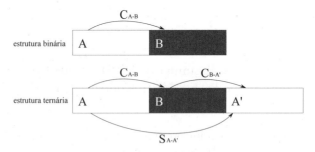

Figura 7.3: Esquema das estruturas binária e ternária, considerando as relações de similaridade e contraste envolvidas.

Ambas são bastante recorrentes na música popular. Estruturas binárias são típicas em canções, pois se conformam à alternância entre estrofes e refrão.[5] Formas ternárias são também consideravelmente comuns, trazendo uma recapitulação (A'), em geral variada e/ou encurtada em relação à seção principal, após o contraste, contribuindo para o aumento de coerência no todo.

Já as formas do subtipo (3) são relativamente mais raras e se caracterizam pela justaposição de seções em número maior do que as duas básicas A e B (ou seja, C, D, E etc.), podendo ou não recapitular alguma delas. Uma das mais comuns estruturas desse subtipo

---

[5]Evidentemente, não apenas em canções populares, como se pode observar no repertório dos *Lieder* de Franz Schubert, por exemplo.

na música popular brasileira é a do choro tradicional, associada à forma *rondó*,[6] de acordo com o esquema AA|BB|A|CC|A.[7]

Por sua vez, formas monosseccionais não são estruturas de menor importância, muito menos monolíticas. Internamente, a seção única se subdivide em subseções (e estas, por sua vez, dependendo do caso e da extensão envolvida, podem também conter segmentos internos). Consideraremos aqui duas alternativas básicas de estruturas temáticas monosseccionais, a saber, o *período* e a *sentença*.

7.3 Período e sentença

Descritas originalmente por Arnold Schoenberg em seu livro *Fundamentals of Musical Composition* (*Fundamentos da composição musical*, na versão em português),[8] as formas-padrão de período e sentença podem ser vistas como classes de estruturas temáticas que congregam um vasto número de manifestações específicas no repertório clássico e romântico. Em 1998, o teórico William Caplin propôs um refinamento da teoria de Schoenberg, o que contemplou, além de uma revisão minuciosa dos dois conceitos, a inclusão de novas categorias, as dos temas *compostos* e *híbridos*.

Essencialmente, as formas-padrão (ou seja, as abstrações) de período e sentença são semelhantes no que se refere à extensão (oito compassos) e ao fato de que se subdividem em duas metades (com quatro compassos cada). Por outro lado, distinguem-se basicamente em dois aspectos, a saber, quanto à posição das relações de similaridade e contraste e quanto ao esquema cadencial que as caracteriza (Figura 7.4).

---

[6]Nesse caso, um rondó bastante simples, se comparado àqueles que formam movimentos em sonatas e sinfonias.

[7]Embora o repertório jobiniano contenha diversos choros (especialmente no *corpus* inédito), nenhum dos casos se estrutura como rondó. Sendo assim, essa forma não será examinada neste capítulo. Para maiores informações específicas sobre a forma do choro, ver Almada (2006) e Sève (2021).

[8]Schoenberg (1991).

A melodia de Jobim

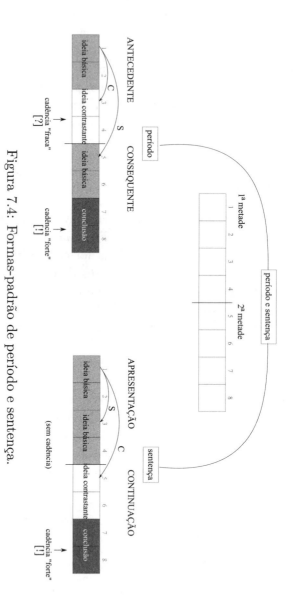

Figura 7.4: Formas-padrão de período e sentença.

Como mostra a figura, no aspecto motívico, ambas as estruturas podem ser vistas como resultantes de duas diferentes combinações de três «blocos», cada qual com a extensão de dois compassos: (1) a *ideia básica*, que traz o enunciado temático portando, por assim dizer, a «personalidade» musical do tema; (2) uma *ideia contrastante* à primeira e (3) um segmento conclusivo, que pode ou não manter relação de parentesco com os blocos anteriores e que tem a função formal de prover um fechamento apropriado ao todo.

O segundo elemento – a articulação cadencial – também exerce um papel importante na distinção entre as duas estruturas. Enquanto o período se caracteriza pela presença de duas cadências, na disposição «fraca–forte»,[9] a sentença não apresenta cadência interna. Essa diferença é evidenciada pela própria nomenclatura das duas metades em cada caso, já que a ideia de um *consequente*, no período, pressupõe uma espécie de retomada (após algum tipo de pontuação), enquanto uma *continuação* (na sentença) denota algo mais fluido, sem interrupção.

Como afirma Schoenberg, a sentença é uma forma mais «sofisticada» que o período, pois não apenas a repetição da ideia básica (nos compassos 3 e 4) geralmente não é literal (adaptada a uma nova harmonia),[10] como o elemento contrastante (compassos 7 e 8) muitas vezes é formatado como uma brevíssima elaboração do material principal. De fato, períodos, talvez por sua maior simplicidade, são muito mais comuns que sentenças no repertório tradicional.

No contexto da música popular, também se observa uma maior frequência de períodos do que de sentenças. No entanto, dificil-

---

[9]Entenda-se uma cadência «fraca» como um fechamento não tão determinante e incisivo como aquele provocado pela cadência «forte». Existem três possíveis configurações: (1) semicadência–autêntica perfeita; (2) semicadência–autêntica imperfeita e (3) autêntica imperfeita–autêntica perfeita. A primeira opção é muito mais comum do que as outras duas.

[10]Em oposição, a repetição da ideia básica no consequente do período é, via de regra, uma perfeita cópia daquela presente no antecedente.

mente tais estruturas se apresentam na extensão da forma-padrão (oito compassos). É muito mais frequente encontrar períodos e sentenças «populares» com extensões duplicadas ou até mesmo quadruplicadas (16 ou 32 compassos). Isso pode ser observado, por exemplo, em temas de seções de choro, nas quais a estrutura de período é normativa (embora eventualmente outras organizações – como a de sentença – possam ser encontradas). Tal fato é documentado em alguns trabalhos recentes sobre esse gênero musical.[11]

Denomino essa estrutura especial um *período-choro*. Em seu caso típico, possui 16 compassos (em 2/4). O antecedente (c. 1–8) é subdividido em duas frases, o *enunciado*, que porta a ideia básica (c. 1–4), e o contraste (c. 5–8), que finaliza sempre em semicadência. O consequente (c. 9–16) também comporta duas frases, a *recapitulação* (c. 9–12), que muitas vezes se inicia idêntica ao enunciado mas é redirecionada em sua segunda metade, e o *desfecho* (c. 13–16), que se apoia frequentemente em um acorde *subdominante estrutural*,[12] desencadeando uma intensificação rítmica da melodia e da harmonia. A Figura 7.5 apresenta um exemplo da estrutura de um período-choro.

Outra variante de período bastante comum em música popular é uma das formas compostas de tema identificadas por Caplin em sua teoria.[13] Nessa estrutura (em geral, com 16 compassos de extensão, podendo também atingir 32 compassos em alguns casos), que denominarei *período-composto 1*, o antecedente e o consequente se apresentam na forma de sentenças, como esquematiza a Figura 7.6.

Embora sejam, em termos estritos, formas diferentes em seus componentes particulares, o período-choro e o período-composto 1 podem ser vistos, essencialmente, como estruturas de forte afinidade

---

[11] Ver Almada (2006; 2013c), Moreira & Navia (2019) e Sève (2021).

[12] Ponto climático harmônico de uma estrutura funcional. Em geral, esse momento é enfatizado por outros elementos musicais, como um salto melódico para o registro agudo, um incremento em dinâmica etc.

[13] Caplin (1998, pp. 63-69).

Organização temática

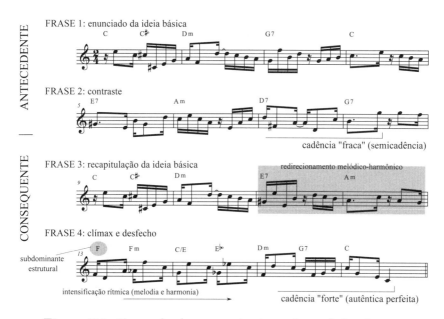

Figura 7.5: Exemplo de uma estrutura de período-choro.

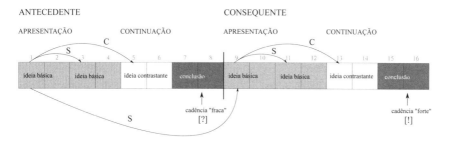

Figura 7.6: Representação esquemática do período-composto 1 (16 compassos).

e, potencialmente, conciliáveis em um único tipo, como se observa eventualmente no repertório.

Com base nessas informações, a próxima seção expõe e discute as principais formas temáticas adotadas por Jobim.

7.4 Estruturas temáticas jobinianas

O levantamento feito no repertório a respeito das estruturas temáticas encontradas não foi exaustivo, mas contemplou uma amostragem bastante representativa: foram selecionadas para análise 100 peças, sendo 82 do *corpus* publicado e 18 do *corpus* inédito.[14]

Tabela 7.1: Distribuição das estruturas temáticas considerando uma amostra de 100 peças jobinianas.

Tipos	subtipos	cp	ci	total
monosseccionais		39	10	49
	período	34	8	42
	sentença	5	2	7
multisseccionais		43	8	51
	binária	13	4	17
	ternária	20	3	26
	outras	10	1	11

No contexto da amostra selecionada, observa-se quase um perfeito equilíbrio entre os tipos multi e monosseccionais.[15] No que se refere aos subtipos, a estrutura de período é largamente a mais empregada, em ambos os repertórios.

Examinemos agora alguns exemplos representativos dessas construções.

---

[14]Esse número relativamente reduzido de exemplares, considerando a proporção dos inéditos em relação ao todo, advém do fato de que boa parte dos manuscritos consiste em peças inacabadas, o que dificulta uma análise acurada de suas estruturas temáticas.

[15]Pela mesma razão acima elencada, a maior porção das peças multisseccionais (especialmente as mais complexas) se encontra no cp, considerando o expressivo número de composições inéditas incompletas no ci.

7.4.1 Estruturas multisseccionais

Uma das tendências estilísticas das fases composicionais mais maduras de Jobim (ou seja, a partir de seu retorno ao Brasil, ao final da década de 1960) foi a expansão formal, numa aproximação, frequentemente declarada pelo próprio compositor, ao universo de Villa-Lobos. Isso se deu simultaneamente a um gradual afastamento da estética bossa-novista, marcada pelos atributos de simplicidade, concisão, minimalismo e leveza.[16] A lírica canção *Sabiá*, composta para o III Festival Internacional da Canção de 1968 (do qual se tornou, aliás, vencedora), em parceria entre Jobim e Chico Buarque, talvez possa ser considerada a pioneira nessa nova tendência estética. Embora não apresente rigorosamente seções contrastantes, no sentido motívico-temático, sua linha melódica quase contínua atravessa, por assim dizer, diversas regiões tonais, evitando fechamentos em cadências (que articulam normalmente seções). Em certo sentido, essa opção construtiva parece se adequar ao mote «*vou voltar*», enunciado em diversos contextos harmônicos, como que expressando o desejo recorrente dos exilados políticos da época, representados pelo suposto eu lírico da canção.

Nas décadas de 1970, 80 e 90, embora sem abandonar a expressão temática mais concisa, característica dos gêneros da bossa-nova, do samba, do samba-canção, do choro etc., Jobim experimentou diversas construções mais extensas e complexas. Algumas delas são mesmo inusitadas, como em *Águas de março*, cuja melodia, bastante simples e restrita a um curto âmbito intervalar, desenrola-se numa espécie de *loop* (mas com harmonizações distintas) que parece expressar metaforicamente o ciclo da vida que, em última instância, está no centro do argumento de seu texto.

Em outros casos, o seccionamento formal é efetivado por contrastes motívicos suportados por modulações, resultando em peças consideravelmente extensas, como em *Ana Luiza*, *Gabriela*, *Borze-*

---

[16]Fábio Poletto, em sua tese de doutorado intitulada *Saudades do Brasil* (2010), discute esse aspecto de maneira bastante aprofundada.

guim e *O boto*, entre vários outros casos.[17] Evidentemente, tratar tais composições de grande fôlego como um único tema perde qualquer sentido, já que suas respectivas seções, além de se desenvolverem em ambientes tonais contrastantes, frequentemente se associam a novas ideias temáticas.

Ainda dentro desse grupo de obras de maior fôlego, destaca-se o caso da canção *Matita Perê*, que, pelas palavras do compositor, é inspirada no universo literário de Guimarães Rosa, Carlos Drummond de Andrade e Mário Palmério,[18] descrevendo a trajetória do personagem João, do nascimento à morte. Neste caso, a melodia é construída a partir de um único *leitmotiv*, que representa o protagonista. Sua saga ao longo da vida é então musicalmente retratada por sucessivas modulações, sem que o motivo-símbolo seja substancialmente alterado. Ou seja, essa inusitada construção gera uma peça de largas proporções, na qual o contraste entre seções é obtido essencialmente pela justaposição de ambientes tonais.[19]

Deixando de lado tais tipos formais mais complexos, examinemos as estruturas multisseccionais binária (A-B) e ternária (A-B-A') presentes no repertório jobiniano. Como sugere a comparação da Tabela 7.1, temas ternários são consideravelmente mais comuns do que aqueles em forma binária.

A Figura 7.7 analisa o tema de *Aula de matemática* (Jobim e Marino Pinto), estruturado como um A-B-A'.[20]

A seção [A] se apresenta como um típico período-choro, com suas quatro frases e duas cadências estruturais. A seção central

---

[17] Ver especialmente em Almada (2022, pp. 196-206) a análise harmônico-formal de *O boto* (Jobim e Rodrigues Calazans), que se mostra como uma das peças mais complexas do repertório.

[18] Poletto (2010, pp. 175-176).

[19] Para uma análise detalhada dessa obra, ver Poletto (2010, pp. 196-205).

[20] Por uma questão de clareza e simplicidade, as letras e os acordes deste e dos próximos exemplos deste capítulo serão omitidos, já que é a estrutura temática que se encontra em destaque. No entanto, informações harmônicas de alto nível (como cadências e regiões tonais) serão evidenciadas, sempre que necessário.

[B], por sua vez, é organizada como uma sentença com oito compassos (a metade da extensão de [A]). O esperado contraste nesse momento formal é reforçado não apenas pela entrada de uma nova ideia motívica (ainda que relacionada à principal), mas especialmente pela mudança de ambiente harmônico, com uma modulação para Fá♮ maior, uma região *mediântica cromática* em relação à tônica (Ré maior).[21] Após a frase de apresentação da sentença (c. 35–42), sua continuação se desenrola em outra tonalidade, Lá maior, envolvendo nova modulação mediântica (desta vez, M3M).[22]

A seção de reexposição [A'], apropriadamente de volta a Ré maior, traz novas surpresas estruturais: em vez de retomar [A] integralmente, recapitula apenas seu consequente, e, mesmo assim, apresentando modificações na quarta frase, que levam não à esperada conclusão cadencial, mas a uma situação «aberta», isto é, requerendo complementação. Isso é contemplado no segmento final, que tem a função de coda, como mostrado na análise, consistindo em sucessivas e gradualmente reduzidas repetições de um breve motivo (derivado de outros anteriores) que conduz a estrutura finalmente ao seu fechamento cadencial, no c. 71.[23]

---

[21] Nos termos adotados em *A harmonia de Jobim*, trata-se, portanto, de uma modulação do tipo *seccional*, envolvendo uma relação M4M (ou seja, dois centros em modo maior separados por um intervalo de terça maior – ou quatro semitons). Para maiores informações, ver Almada (2022, pp. 153-173).

[22] Aqui, uma modulação *sequencial*. Registre-se ainda o notável esquema modulatório adotado nessa canção, cuja sequência de centros (Ré–Fá♮–Lá–Ré) descreve, em alto nível, o arpejo da tríade do I grau da tonalidade principal.

[23] Outros casos de estrutura ternária no cp, com diferentes soluções específicas e configurações internas: *Cai a tarde*, *Chora coração*, *Demais*, *Desafinado*, *Domingo azul do mar*, *Engano*, *Falando de amor*, *Garota de Ipanema*, *Incerteza*, *Ligia*, *Não devo sonhar*, *O nosso amor*, *Samba de uma nota só*, *Samba torto*, *Só saudade*, *Tereza da praia*, *Wave* etc.

A melodia de Jobim

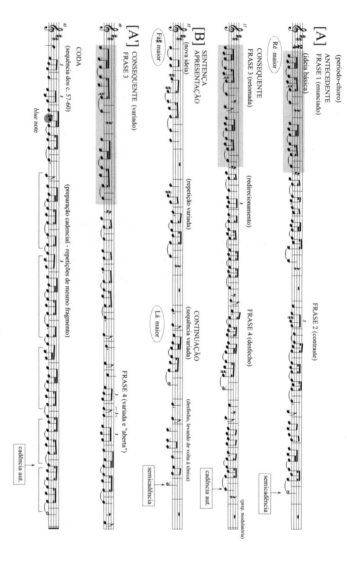

Figura 7.7: Análise estrutural de *Aula de matemática*.

Estruturas binárias (A-B) se diferenciam das ternárias por se apresentarem completas ao final da seção contrastante, embora quase que invariavelmente levem a nova rotação da forma nominal.[24]

A Figura 7.8 ilustra a estruturação temática binária com um caso bastante simples, a melodia da canção *Angela*.

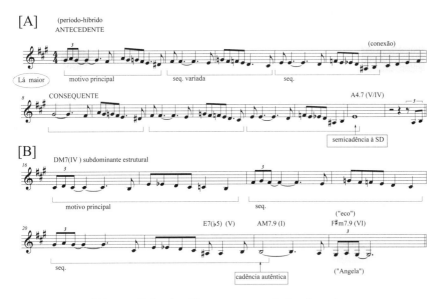

Figura 7.8: Análise estrutural de *Angela*.

A seção principal é novamente organizada como período, porém, neste caso, de um tipo híbrido, pois não apresenta cadência intermediária preparando o consequente (ela é substituída por um segmento escalar conectivo). Ambas as frases são também inusitadamente construídas a partir de duas sequências variadas e descendentes do motivo principal (quebrando a quadratura normativa, pois essas

---

[24]O que faz com que muitas vezes ambas as estruturas sejam confundidas. Em outras palavras, a distinção se baseia essencialmente na clara diferenciação entre forma nominal e forma de realização, como previamente discutido.

A melodia de Jobim

estruturas têm extensão de seis compassos, cada uma). Além desses fatos incomuns, chama a atenção a cadência estrutural escolhida para fechar a primeira seção: trata-se de uma semicadência, porém, relacionada à subdominante estrutural (D7M), que inicia a seção B como um ponto climático. É também um fato interessante (e particularmente revelador da característica economia de meios de Jobim) que essa seção seja estruturada nos mesmos moldes de uma seção principal, ou seja, em duas sequências da ideia básica (desta vez, porém, menos variadas e não descendentes). O necessário contraste formal é, portanto, apoiado na organização harmônica, evidenciada principalmente pela já mencionada entrada subdominante e pela conclusão cadencial forte, autêntica, em V–I (embora a melodia finalize na nona do acorde AM7). Segue-se um charmoso «eco» a esse final, retomando o fragmento motívico inicial (a bordadura quialterada, nas mesmas classes de alturas, Sol♯–Lá–Sol♯) enunciando novamente o nome «Angela», rearmonizado pelo VI (F♯m7), como um toque de melancolia ao final da linha melódica.[25]

7.4.2 Estruturas monosseccionais

Como mostrado na Tabela 7.1, temas monosseccionais em estrutura de sentença são relativamente raros, se comparados a períodos. Um desses casos pode ser encontrado em *Modinha*, de Jobim e Vinicius de Moraes.

Como mostra a Figura 7.9, sua lírica ideia básica (c. 1–8) pode ser entendida como uma justaposição de seis segmentos (identificados pelas letras *a–f*), que vão sendo gradualmente encurtados. Inicialmente, a entrada de *b* se sobrepõe ao final de *a*, o que obscurece a distinção entre ambos os fragmentos. O motivo descendente de colcheias (*c*) é então propagado sequencialmente em *d*, cujo final (*e*) torna-se a base para a sequência *f*. Em seguida, toda a ideia

---

[25]Outros exemplos de peças em estrutura binária no cp: *Água de beber*, *Ai quem me dera*, *Bonita*, *Chega de saudade*, *Estrada do sol*, *Eu e meu amor*, *Meditação*, *Na hora do adeus*, *O amor em paz*, *Sonho desfeito* etc.

Organização temática

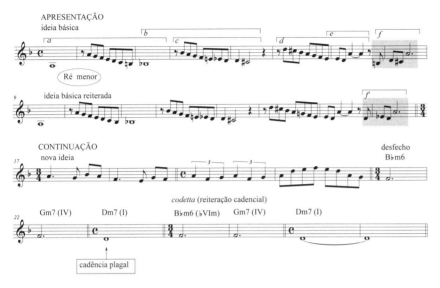

Figura 7.9: Análise estrutural de *Modinha*.

básica é recapitulada, com a exceção do fragmento final, que é levemente variado (f'). A continuação se inicia no c. 17 com uma ideia contrastante em métrica 3/4, sequenciada em seguida, sendo então conectada a outra ideia, no retorno ao compasso quaternário. Uma nova troca para 3/4 conduz ao desfecho cadencial plagal, reiterado em seguida (com função de *codetta*).

Uma sentença bem mais simples e com extensão de oito compassos é o tema do choro inédito mJ-11 (Figura 7.10). As duas apresentações da ideia básica diferem apenas pela direção do salto que as finaliza (ambos se apoiando na nota Lá). Embora o manuscrito não seja harmonizado por Jobim, é fácil perceber que a cadência estrutural é do tipo autêntica perfeita.

Como já mencionado, o período é a estrutura largamente predominante dentre os temas monosseccionais jobinianos, uma distribuição também observada nas peças inéditas. Como uma ilustração disso, a Figura 7.11 analisa a estrutura do tema mJ-12 (harmoni-

A melodia de Jobim

Figura 7.10: Análise estrutural de mJ-11.

zado por cifras originalmente pelo compositor). Ainda que simples, a configuração composta (ou seja, de sentença nas frases antecedente e consequente) é evidente, exemplificando a relatividade das noções de similaridade e contraste. Como indicado na análise, a transposição da ideia básica (c. 5–6) apresenta-se como um contraste diante de sua repetição imediata (c. 3–4). As articulações cadenciais são também consideravelmente normativas no exemplo, se levarmos em conta a substituição de B♭7 (V) pelo equivalente SubV E7 (a versão enarmônica de F♭7).

No caso de *Este seu olhar*, a estrutura temática se apresenta como um período-choro (de 32 compassos) um tanto peculiar, como mostra a análise da Figura 7.12: a primeira frase é organizada como uma espécie de «quase-sentença» com oito compassos,[26] pois a ideia básica (c. 1–2) é retomada transposta e ritmicamente variada, seguindo-se um trecho contrastante (c. 5–8), de ritmo mais intenso e levemente ascendente. A trajetória é revertida na frase 2, cuja função é prover contraste no nível do antecedente, fechando numa normativa semicadência. O consequente (c. 17–32) se inicia

---

[26] A designação «quase» se refere ao fato de que o trecho em questão não apresenta conclusão cadencial.

Organização temática

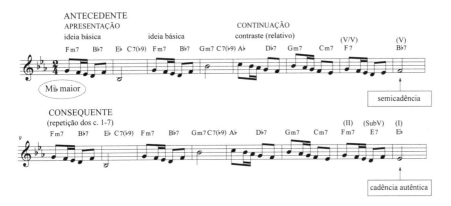

Figura 7.11: Análise estrutural de mJ-12.

com a frase 3, que recapitula a primeira frase com modificações sutis em seu ritmo. O tema conclui apropriadamente na quarta frase com uma cadência autêntica perfeita.[27]

---

[27]Diversas outras canções do repertório publicado possuem estrutura de período, abrangendo distintas extensões, organizações internas e outras particularidades: *Brigas nunca mais, Cala, meu amor, Caminhos cruzados, Canção da eterna despedida, Corcovado, Discussão, Ela é carioca, Esperança perdida, Eu sei que vou te amar, Faz uma semana, Insensatez, Isso eu não faço não, Janelas abertas, Luar e batucada, O que tinha de ser, Olha pro céu, Pensando em você, Piano na Mangueira, Por causa de você, Samba de Maria Luiza, Se todos fossem iguais a você, Solidão, Sucedeu assim, Teu castigo, Triste, Vou vivendo, Você vai ver* etc.

A melodia de Jobim

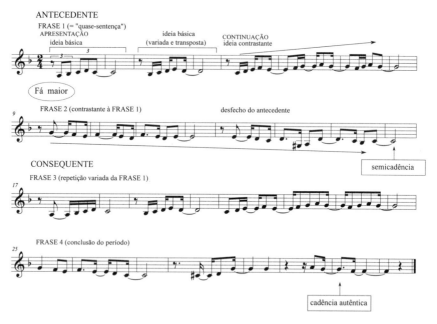

Figura 7.12: Análise estrutural de *Este seu olhar*.

***

Este capítulo se propôs a apresentar uma visão geral das estruturas empregadas por Jobim em suas peças. De um modo geral, embora o compositor tenha iniciado o emprego de formas extensas a partir de um determinado ponto de sua carreira (motivado por diversas razões expressivas), é interessante constatar que nunca deixou de também praticar as formatações mais concisas, características de sua fase inicial. Destas, como se observa na análise da amostra de obras selecionadas, o período (em suas diversas manifestações) mostra-se como a estrutura preferencial.

No próximo capítulo, observaremos como certas estruturas temáticas podem ser também vistas a partir da perspectiva da construção motívica orgânica e econômica.

8
A derivação econômica

Alternativamente à abordagem do capítulo anterior, a estruturação temática na música de Jobim pode ser também observada do ponto de vista dos processos de desenvolvimento motívico, uma perspectiva que não necessariamente conflita com a ideia da estruturação em formas pré-moldadas (como o período, por exemplo).

Tal concepção se associa aos princípios de concisão e de economia, elementos que, por certo, pertencem à rica paleta expressiva do compositor. Como observado em alguns pontos deste livro – bem como em *A harmonia de Jobim*[1] –, esse tipo de tratamento ou conduta se revela, por exemplo, na preferência por melodias simples (em geral, com âmbitos reduzidos) ou mesmo estáticas sobrepostas a contextos harmônicos complexos.

Este capítulo se propõe a examinar outro aspecto dessa característica composicional, a saber, a geração de temas a partir de manipulação de pequenas células, um processo criativo de extrema coerência e economia.[2]

---
[1]Ver, por exemplo, o trabalho derivativo em *Bebel* (Almada, 2022, pp. 144-148) e a já mencionada análise de *Chovendo na roseira* (pp. 283-294).

[2]Tal tipo de processo é também reconhecido por Poletto, que o denomina «variação contida», o que me parece uma precisa designação para essa típica

8.1 Variação progressiva

Um dos mais importantes ramos da vasta e diversificada produção teórica de Schoenberg abrange a variação musical, através de dois princípios, a saber, o da *Grundgestalt* (ou «formato primordial», numa possível tradução do termo original, em alemão) e o da *variação progressiva*. Bem resumidamente, a *Grundgestalt* de uma peça musical seria uma configuração motívica inicial que conteria, ao menos ideal e implicitamente, o material necessário a ser utilizado para a construção de toda a peça. Os procedimentos empregados para esse desenvolvimento correspondem às diversas técnicas de variação progressiva, um processo dinâmico e recursivo que poderia ser descrito como variações a partir de outras variações, emulando, em certo sentido, o crescimento orgânico.

Desde as primeiras formulações teóricas de Schoenberg, baseadas na observação analítica da música de Mozart, Beethoven e, especialmente, Brahms, o binômio *Grundgestalt*/variação progressiva tem atraído a atenção de inúmeros estudiosos.[3]

A variação, junto com os estudos sistemáticos em música popular, integra o conjunto de meus principais interesses de pesquisa. Desde 2011, desenvolvo um projeto que investiga esse importante fundamento sob perspectivas analítica e composicional. O Modelo de Análise Derivativa (MDA, na sigla em inglês), que contempla a aplicação analítica, envolve um amplo *corpus* conceitual-metodológico que se consolidou através de vários estudos e tem resultado em uma considerável produção bibliográfica.[4]

As duas pesquisas vinham se desenvolvendo paralelamente, sem oportunidades de conexão, visto que o estudo de derivação no sentido schoenberguiano requer, normalmente, longas extensões e ní-

---

prática jobiniana.

[3]Para citar apenas alguns, Joseph Rufer (1954), David Epstein (1980), Walter Frisch (1984), Severine Neff (1984), Ethan Haimo (1990), Bryan Simms (2000) e Jack Boss (2014).

[4]Entre os trabalhos mais recentes, ver Almada (2016; 2017c; 2017d; 2020).

veis relativamente altos de complexidade estrutural, condições típicas da música de concerto, mas raras na música popular. Bem recentemente, como um desdobramento do Modelo de Filtragem Melódica (capítulo 1), surgiu a possibilidade de analisar variações em contextos dos gêneros musicais populares a partir do emprego de um aparato metodológico bem mais simples (e, acrescente-se, mais apropriado) do que aquele acionado em análises de obras tradicionais, resultando num subconjunto do modelo analítico principal, identificado como MDA*. As bases desse submodelo são concisamente descritas na próxima seção.[5]

8.2 MDA*

Basicamente, o processo analítico em MDA* se aplica a melodias previamente filtradas. Isso se apoia na ideia de que, em música popular, ao contrário do que acontece nos repertórios tradicionais, as molduras acordais que suportam as melodias são fatores condicionantes. Ou seja, muitas mudanças melódicas não se referem necessariamente a variações, podendo ser creditadas a adaptações aos acordes.[6] Assim, a filtragem visa a neutralizar a maior parte dessas mudanças adaptativas, tornando-as mutuamente equivalentes.

Embora, eventualmente, aspectos concretos de uma melodia (por exemplo, alturas ou intervalos específicos) possam ser evocados como elementos referenciais, as análises deste capítulo levarão em conta, essencialmente, descrições abstratas das melodias (ou seja, c/r letras e palavras). Nesse sentido, consideraremos para as análises três classes de *transformações*:[7]

---

[5] Para mais detalhes, ver Almada (2023).

[6] Embora isso, evidentemente, também possa ocorrer na música clássico-romântica, tais adaptações melódicas são bem mais recorrentes e concentradas na música popular, de um modo geral.

[7] No presente contexto, uma transformação deve ser entendida como um tipo de ação capaz de produzir variação. Para uma discussão mais aprofundada

1. Microtransformações: aplicadas no nível mais básico de significação derivativa. São transformações que manipulam c/r letras específicas, sem alterar as demais que formam uma c/r palavra. Existem em vários tipos. A Figura 8.1 apresenta três exemplos de microtransformações aplicadas à c-letra A.[8]

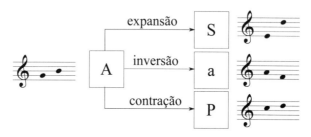

Figura 8.1: Exemplos de microtransformações aplicadas à c-letra A.

2. Macrotransformações: aplicadas no âmbito das c/r palavras, considerando-as como unidades de derivação. Integram o nível médio. Alguns exemplos dessa classe, desta vez aplicados a uma r-palavra, são mostrados na Figura 8.2.

3. Metatransformações: envolvem processos de edição, no contexto global da melodia, neste caso considerando não c-palavras propriamente,[9] mas os segmentos em suas alturas reais. Essa classe busca complementar os dois outros níveis, trazendo, quando necessário, informações adicionais que seriam desconsideradas se fossem observadas apenas as estruturas abstratas. Em suma, busca-se fornecer uma visão em alto nível

---

sobre esse aspecto, ver Almada (2020b; 2023).

[8]Registre-se que há diversos outros tipos possíveis de microtransformações, tanto para o subdomínio das alturas quanto para o subdomínio rítmico. Serão apresentados à medida que, porventura, surjam nas análises do capítulo.

[9]A classe das metatransformações envolve apenas o domínio das alturas.

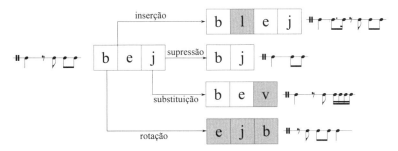

Figura 8.2: Exemplos de macrotransformações aplicadas à r-palavra <ebj>.

do processo derivativo (daí o prefixo «meta»), como sugere o exemplo da Figura 8.3.

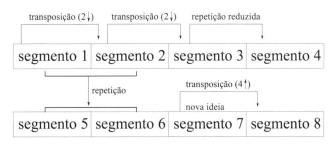

Figura 8.3: Exemplos de metatransformações.

As metatransformações são, por assim dizer, responsáveis pela montagem interativa dos blocos construtivos de uma peça. A ideia se assemelha a uma receita ou a um algoritmo que traz uma listagem de instruções abstratas que devem ser seguidas para a concretização de uma determinada composição. De acordo com tal linha de raciocínio, poderíamos conceber, por exemplo, uma descrição informal (que se ajuste à ideia de metatransformações como procedimentos de edição) para *Samba de uma nota só*, como se segue:

(a) Planeje uma peça em modo maior como uma estrutura ternária A-B-A';

(b) Em [A], use a nota correspondente ao V grau da escala (a «dominante») repetidamente, em ritmo de samba sob uma linha de baixo cromática descendente;

(c) Ainda em [A], transponha o trecho anterior uma quarta justa ascendente, de modo que a nota se torne o I grau da escala (a «tônica»);

(d) Retorne para o trecho inicial, finalizando-o com um salto melódico («dominante-tônica»);

(e) Para o início de [B], module para a região mediante maior abaixada.[10] Crie uma melodia que percorra a nova escala, seguindo um contorno em «cordilheira»[11] sobre uma harmonia diatônica e simples;

(f) Transponha literalmente o trecho anterior uma segunda maior abaixo, gerando nova modulação (tipo M10M);

(g) Recapitule a seção [A].

Outro elemento de grande importância no modelo é a identificação da unidade básica de material – em outros termos, a *Grundgestalt* (Gr) – a partir da qual os processos de variação progressiva serão mapeados. Em geral, a Gr de uma peça consiste em um segmento relativamente autônomo, apresentado logo em seu início. Em nossas análises, a Gr será emoldurada em um retângulo de fundo cinza (de modo a se diferenciar dos demais segmentos a serem considerados) e numerada com um «zero».

O procedimento metodológico seguinte consiste na identificação e na numeração (na ordem de surgimento) dos demais segmentos de interesse. Por convenção, repetições literais não serão levadas

---

[10] Ou seja, uma modulação do tipo M3M. Para detalhes, ver Almada (2022, pp. 153-173).

[11] Ver capítulo 4.

em conta na análise derivativa.

Embora longe de esgotar o assunto, a presente e relativamente concisa descrição do submodelo MDA* traz os elementos necessários para dar início às análises das peças selecionadas.[12]

8.3 Estudos de caso

Dois estudos de caso integram esta seção: as canções *Engano* (Jobim e Newton Mendonça) e *Insensatez* (Jobim e Vinicius de Moraes). Ambas representam um considerável grupo de obras jobinianas que são construídas a partir de processos notavelmente econômicos, uma das mais marcantes características do compositor.

8.3.1 Engano

Inicio a análise apresentando a estrutura ternária nominal da canção, em A-B-A (Figura 8.4).[13] A seção [A], que se desenvolve na tonalidade principal de Si♭ maior, apresenta-se como um período simples (com oito compassos), porém peculiar, já que, como inicia em uma *locução dominante* primária[14] (II–V), tem seu antecedente concluindo não em uma normativa semicadência, mas no que poderíamos denominar uma «semicadência secundária», baseada no acorde V/II, G7. A seção central, [B], contrasta especialmente por ser ambientada na região mediante maior abaixada (Ré♭ maior) e pela estrutura mais simples, dividida em dois blocos: uma série de sequências do motivo inicial, seguindo-se um trecho com função conclusiva, apontando para uma semicadência, com o retorno da

---

[12]Um exame mais aprofundado sobre o instigante assunto das derivações econômicas na música jobiniana, incluindo mais exemplos e detalhes, requereria uma extensão que vai bem além do escopo deste capítulo. A exploração desses desdobramentos está planejada para trabalhos futuros.
[13]Por questões de concisão e foco, a seção da coda foi omitida.
[14]Almada (2022, pp. 97-98).

A melodia de Jobim

região tônica. A seção principal é então recapitulada literalmente, concluindo com a esperada cadência autêntica perfeita.

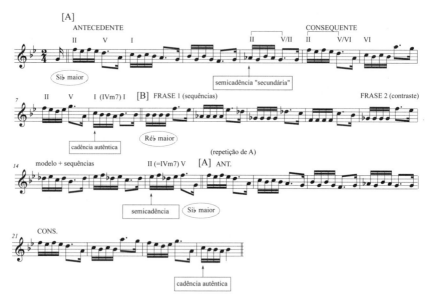

Figura 8.4: Análise estrutural de *Engano*.

A partir dessa visão estrutural, a Figura 8.5 propõe a discriminação do conteúdo, para efeitos da análise derivativa. As unidades de interesse (que, neste caso, são justamente as c/r palavras segmentadas) são emolduradas em retângulos e enumeradas. Observe especialmente o destaque dado ao segmento inicial (0), a Gr da peça. De acordo com as convenções adotadas, segmentos repetidos são desconsiderados (as áreas acinzentadas na figura). Quinze unidades (a Gr mais 14 outras) são assim selecionadas para o subsequente exame analítico.

A simples observação dos segmentos revela um fato tão interessante quanto inusitado: todos compartilham da mesma configuração rítmica (o que, por si só, já denota uma extraordinária economia construtiva), codificada como a r-palavra <gvb>. Dessa maneira,

A derivação econômica

sendo um elemento em comum, pode ser simplesmente desconsiderado da análise, que se limitará apenas às derivações realizadas no domínio das alturas.

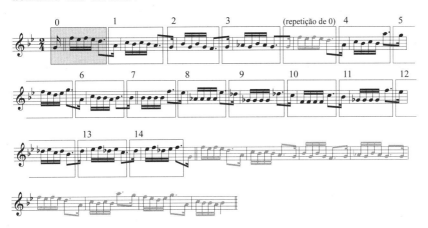

Figura 8.5: Segmentação de *Engano* em 15 unidades de interesse derivativo.

A Figura 8.6 destaca a Gr de *Engano*, a partir da qual as relações binárias de derivação serão subsequentemente estabelecidas.

c-palavra <SpPpp>
r-palavra <gvb>

Figura 8.6: *Grundgestalt* de *Engano*.

A primeira relação a ser examinada acontece entre as unidades 0 e 1 (denotada simbolicamente como 0→1), como mostra a Figura 8.7. Consiste em, no nível micro, transformar a c-letra S em A, por contração (ver sua ação na Tabela 8.1),[15] e, no nível meta, uma simples transposição diatônica por quarta descendente.[16]

Figura 8.7: Análise da relação 0→1.

Tabela 8.1: Ação de *contração*.

u	p
P	u
p	a
A	P
a	s
S	A
s	não se aplica

A relação 1→2 também pode ser descrita no nível meta, como uma transposição diatônica, desta vez por segunda descendente. No

---

[15]Entenda-se essa operação como a aplicação de uma ação «gravitacional» sobre uma c-letra, tornando-a um gesto «mais descendente». Por essa razão, como mostra a tabela, a contração de *s* não se aplicaria, pois essa c-letra já corresponde à máxima descida possível no sistema.

[16]Transposições diatônicas são aquelas feitas no âmbito de um campo tonal de referência, desconsiderando eventuais diferenças entre qualidades intervalares (ou seja, menor/maior, justa/diminuta/aumentada), a depender da magnitude da transposição.

nível micro, três c-letras internas (<pPp>) são expandidas, resultando na trinca <aAa> (ver a ação da expansão na Tabela 8.2).[17] Na prática, o movimento em bordaduras (Dó–Si♭–Dó–Si♭) se torna, assim, uma alternância de terças (Si♭–Sol–Si♭–Sol).

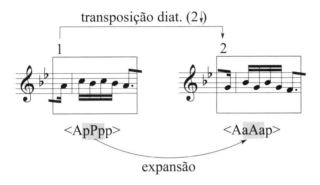

Figura 8.8: Análise da relação 1→2.

Tabela 8.2: Ação de *expansão*.

u	P
P	A
p	u
A	S
a	p
S	não se aplica
s	a

Um pouco mais complexa é a relação seguinte, 2→3, mostrada na Figura 8.9. A metatransformação entre as duas unidades é descrita como uma «deformação», visto que se assemelham bastante em seus aspectos superficiais, embora sejam estritamente distintas, como se 3 fosse uma cópia com «imperfeições» de 2. No nível micro,

---

[17] A expansão opera inversamente à contração.

as mudanças podem ser justificadas por contrações dos movimentos terciais (c-letras A/a) em passos (P/p).

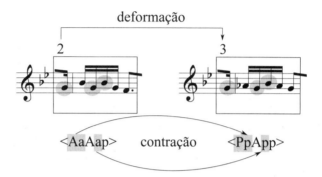

Figura 8.9: Análise da relação 2→3.

A derivação da unidade 4 pode ser explicada não como uma variação da anterior (3), mas como uma espécie de retomada variada de 1, na qual apenas o final é modificado (a nota Lá$_3$ é oitavada em Lá$_4$). Isso se reflete como uma microtransformação combinada da última c-letra de 1 (p), envolvendo inversão (P) e dupla expansão (P→A→S).

Figura 8.10: Análise da relação 1→4.

A próxima derivação (unidade 5) é claramente resultante de

uma recapitulação variada da Gr, na qual é oitavada a nota inicial (Sol$_3$→Sol$_4$) e redirecionado o final (de descendente para ascendente). A análise identifica três microtransformações responsáveis pela mudança no nível meta: inversão (P→p), inversão + expansão (p→A), e uma nova modalidade, rotulada como *complementação*. Essa operação transforma c-letras em seus respectivos complementos, de acordo com o seguinte esquema (Tabela 8.3).[18]

Tabela 8.3: Ação de *complementação*.

u	u
P	s
p	S
A	a
a	A
S	p
s	P

A definição da próxima derivação (5→6) envolve novo grau de complexidade, trazendo à baila a noção de *estágio derivativo hipotético e intermediário*. A situação em questão é semelhante à derivação biológica de uma espécie a partir de outra, considerando a intermediação de inúmeros estágios de espécies variantes (por exemplo, a conhecida origem das aves, a partir da derivação dos dinossauros).[19]

Elementos importantes do modelo-base MDA, os estágios intermediários são nada mais do que recursos analíticos hipotéticos usados para explicar derivações mais complexas.[20]

---

[18] Observe que, quando agindo sobre u, A ou a, a transformação resulta nos mesmos *outputs* da inversão.

[19] Uma comparação que deve ser feita com bastante cautela, evidentemente, guardando todas as devidas proporções. Minha intenção aqui é apenas conectar dois domínios bem distintos pelas vagas semelhanças que apresentam, facilitando o entendimento do ponto em questão.

[20] Importante ressaltar que tais recursos não buscam – de modo algum – re-

A melodia de Jobim

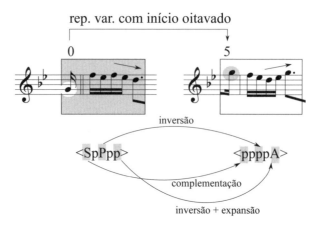

Figura 8.11: Análise da relação 0→5.

No caso da presente análise, trata-se de um único estágio de relativa simplicidade, como mostra a Figura 8.12, gerando uma unidade hipotética (o que é denotado pela moldura tracejada), rotulada apropriadamente como 5/6. Ela surge de uma simples microtransformação de contração envolvendo a primeira c-letra de 5 (p→u). A partir desse ponto, a unidade 6 é obtida através de uma macrotransformação (ou seja, afetando a c-palavra como um todo) – a primeira a ser usada na análise – que consiste na rotação em sentido inverso[21] do conteúdo de 5/6 (<uppPA>), resultando finalmente na c-palavra de 6 (<ApupP>.)

A unidade 6 serve claramente de base para a derivação de 7. É fácil notar informalmente como ambas as unidades são relacionadas

---

construir processos composicionais (seria absurdo propor que compositores pensassem assim), mas tão somente auxiliar na sistematização da análise, a ideia básica do próprio modelo. Ver descrição em detalhes sobre os estágios hipotéticos de derivação, bem como exemplificação em Almada (2021b, pp. 61-64). Voltarei a esse ponto ao final do capítulo.

[21] Isto é, de modo a levar o último elemento da sequência para o primeiro posto. Numa rotação «normal», o primeiro elemento seria transportado para o último posto da sequência.

A derivação econômica

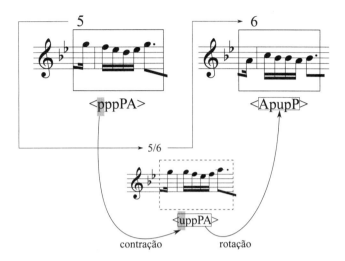

Figura 8.12: Análise da relação 5→6.

no nível meta. Em nível micro, duas transformações justificam as mudanças: uma expansão dupla da c-letra final (P→A→S) e a aplicação de uma nova operação denominada *retificação*. Essa microtransformação é de ação única, levando qualquer c-letra de *input* para a c-letra *u* (Tabela 8.4).

Tabela 8.4: Ação de *retificação*.

u	u
P	u
p	u
A	u
a	u
S	u
s	u

As três próximas derivações, dando início aos eventos da seção [B], são explicadas em nível meta como originadas de um simples

A melodia de Jobim

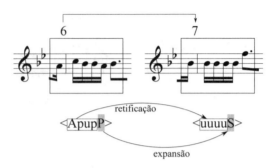

Figura 8.13: Análise da relação 6→7.

processo de sequenciação. Apenas no primeiro estágio (7→8) acontece uma microtransformação (tripla contração: u→p→a→s), com as demais etapas acontecendo sem alterações nas estruturas das c-palavras (Figura 8.14).

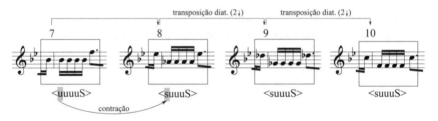

Figura 8.14: Análise das relações 7→8, 8→9 e 9→10.

A unidade 11 pode ser vista como derivação de 9 (Figura 8.15): a configuração da c-palavra de 11 (<auuuS>) é alcançada através de uma simples expansão da c-letra inicial (s→a). No entanto, parece relevante registrar a expansão – em tipo e qualidade – do último intervalo, de quinta diminuta a sétima maior, o que se deve, portanto, a uma metatransformação (transcendendo o âmbito abstrato das c-letras).

A unidade 12 é outra derivada da unidade 5, a partir de três microtransformações, como mostrado na Figura 8.16, gerando um

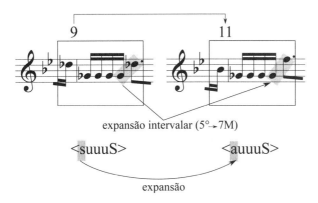

Figura 8.15: Análise da relação 9→11.

novo padrão de contorno melódico para o grupo de semicolcheias (PaP). Esse padrão caracteriza as unidades restantes (13 e 14), obtidas essencialmente por metatransformações de transposição diatônica livre (ou seja, incluindo leves microtransformações), como apresentado nas Figuras 8.17 e 8.18.

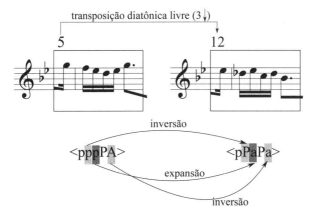

Figura 8.16: Análise da relação 5→12.

A melodia de Jobim

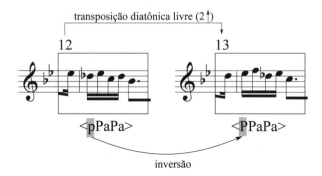

Figura 8.17: Análise da relação 12→13.

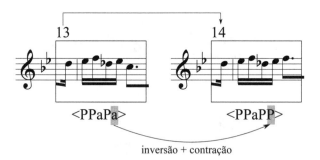

Figura 8.18: Análise da relação 13→14.

Resumindo todo o processo de análise derivativa de *Engano*, a Figura 8.19 apresenta uma árvore de derivação das 15 unidades. Observe como algumas linhagens são criadas (por exemplo, tendo como base a Gr e a unidade 5), evidenciando a presença de variação progressiva.

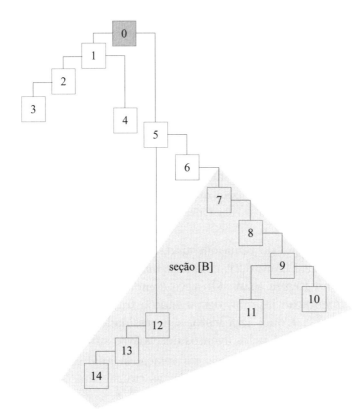

Figura 8.19: Árvore de derivação das unidades de análise em *Engano*.

8.3.2 Insensatez

Ao contrário de *Engano*, *Insensatez* (Jobim e Vinicius de Moraes) é uma estrutura monosseccional. No entanto, como mostra a análise da Figura 8.20, não é fácil determinar claramente o tipo específico de organização temática. Embora a linha melódica se comporte como um sentença típica com 32 compassos, as articulações cadenciais parecem contradizer a configuração-padrão do tipo. Como visto no capítulo 7, uma sentença apresenta apenas uma cadência (em geral, «forte»), ao seu final. Em *Insensatez* há não apenas três pontos cadenciais, mas em ordem contrária à associada ao modelo convencional: duas cadências «fortes» (autênticas) articulam os finais das frases 2 e 3, enquanto a conclusão do tema se dá numa surpreendente finalização «fraca», já que se trata de uma cadência do tipo «deceptiva».[22] Podemos então catalogar essa estrutura temática como uma forma híbrida, entre período e sentença (com mais características desta última, talvez), possivelmente uma espécie de sentença-choro, com quatro frases de oito compassos bem definidas, em analogia à estrutura-irmã de período-choro, descrita no capítulo 7.

A segmentação do tema em unidades de interesse derivativo é apresentada na Figura 8.21, com a *Grundgestalt* (unidade 0) sendo destacada na Figura 8.22. Observe como, neste caso, a Gr apresenta segmentação interna, destacando o fragmento final, identificado como 0.1. Como será visto, a necessidade de evidenciar esse elemento se justifica pelos eventos derivativos subsequentes.

Uma importante diferença em relação à análise derivativa de *Engano* é que, ao contrário daquela, as transformações em *Insen-*

---

[22] Que acontece quando, após o V cadencial, surge não o esperado I grau, mas outro acorde. No presente caso, o acorde dominante (F♯7) é sucedido por GM7 (VI) e, em seguida, Em7 (IV). Provavelmente, essa conclusão «em aberto» está associada a uma das características jobinianas, a saber, a evitação da tônica acordal (através de diversos artifícios), o que se evidencia em várias composições (por exemplo, *Ligia*, *Corcovado*, *Falando de amor* etc.).

A derivação econômica

Figura 8.20: Análise estrutural de *Insensatez*.

satez envolvem o domínio do ritmo, além do domínio das alturas, o que a torna bem mais complexa.

A primeira relação (0→1) é justamente a replicação do fragmento 0.1 (Figura 8.23). Como se observa, trata-se de uma simples cópia de 0.1, que poderia ser também definida como uma repetição «acéfala» da Gr completa, a partir da supressão (no nível micro) de suas c/r letras iniciais.

A melodia de Jobim

Figura 8.21: Segmentação de *Insensatez* em 12 unidades de interesse derivativo.

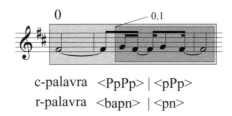

c-palavra <PpPp> | <pPp>
r-palavra <bapn> | <pn>

Figura 8.22: *Grundgestalt* de *Insensatez*.

A derivação econômica

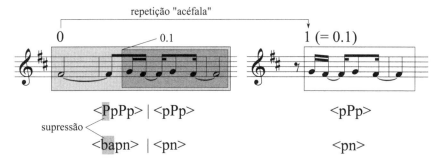

Figura 8.23: Análise da relação 0→1.

A segunda derivação (0→2) envolve um considerável grau de complexidade, como mostra a análise da Figura 8.24, requerendo comentários detalhados sobre o processo.

A melodia de Jobim

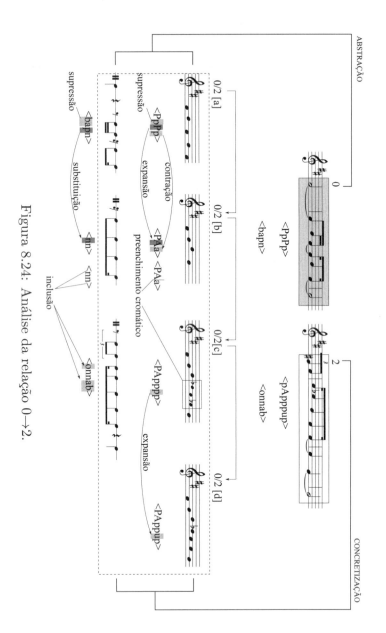

Figura 8.24: Análise da relação 0→2.

Além de abstraídos os subdomínios de alturas e rítmico (para que as transformações possam ser aplicadas individualmente), são necessários quatro estágios intermediários hipotéticos para efetivar a derivação. Registre-se que o surgimento da unidade 2 nesse contexto se reverte de grande importância estrutural, tendo em vista que é um elemento motívico essencial no equilíbrio entre as ideias. Embora seja claramente contrastante em relação à Gr, a interpretação analítica aqui proposta, como uma sequência em variação progressiva no plano das hipóteses, demonstra que estas são vinculadas, ainda que tenuamente.

A derivação nos estágios intermediários pode ser descrita como segue:

- 0/2[a]→0/2[b]: no domínio das alturas, três microtransformações são aplicadas, suprimindo a segunda c-letra (p), expandindo a terceira (P→A) e contraindo a quarta (p→a). No domínio do ritmo, as duas letras (<ba>) iniciais são suprimidas, sendo a terceira (p) substituída por outra de mesma cardinalidade (n).

- 0/2[b]→0/2[c]: uma nova macrotransformação, denominada *preenchimento*, é aplicada na c-palavra de 0/2[b]. Essa operação age num determinado intervalo melódico, preenchendo-o escalarmente (o que resulta em movimentos do tipo P/p). No presente caso, o intervalo de terça maior descendente é preenchido com notas da escala cromática,[23] resultando na inserção do segmento Si♭–Lá–Lá♭. Por sua vez, a r-palavra é incrementada por inclusões de três novas r-letras, uma no início (o) e duas ao final (ab), alcançando a configuração definitiva da unidade 2.

- 0/2[c]→0/2[d]: o estágio final envolve apenas uma leve modificação no subdomínio das alturas, expandindo a penúltima c-letra (p→u).

Por fim, as abstrações são reintegradas a partir de um processo

---

[23]A operação de preenchimento pode ser aplicada também em modo diatônico.

análogo à abstração, denominado propriamente *concretização*, formando a unidade 2.

Em contraste com a complexidade da relação 0→2, as próximas derivações são bastante simples. Como mostra a Figura 8.25, as unidades 3, 4 e 5 são claras transposições de 0, 1 e 2, respectivamente. Porém, torna-se muito mais lógico considerar que todo o bloco inicial (0–1–2) é transposto (ou sequenciado) por segunda diatônica descendente, inaugurando a ideia de que derivações podem ser consideradas também em alto nível.

Figura 8.25: Derivação das unidades 3, 4 e 5.

Os eventos da continuação da sentença se iniciam com a unidade 6, que, como sugerido na análise da Figura 8.26, se apresenta como uma transposição variada da Gr, por terça diatônica descendente. Essa percepção é sustentada especialmente pela configuração de alturas (observe como as c-palavras se mantêm invariáveis). O que é mais interessante é o fato de que a unidade 6 encabeça a frase contrastante dentro da estrutura global do tema, contraste este que se evidencia, portanto, apenas no ritmo, levemente modificado, resultante de três microtransformações.[24] Ou seja, temos aqui mais um

---

[24]A bem da verdade, a mudança do contexto harmônico no início da frase (contexto este não considerado nesta análise, de enfoque essencialmente melódico) também contribui, ainda que de maneira mais sutil, para a impressão de contraste.

exemplo de como as noções de similaridade e contraste podem ser relativizadas, a depender das condições contextuais, como discutido e exemplificado no capítulo 7.

As transformações rítmicas na unidade 6 fazem surgir um novo motivo – o grupo de quiálteras de colcheia (c-letra s) –, que se torna um elemento unificador da segunda metade do tema.

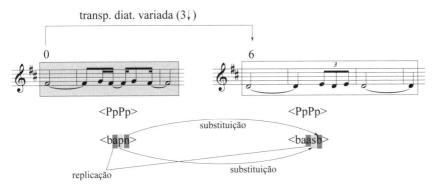

Figura 8.26: Análise da relação 0→6.

Seguindo a mesma lógica da frase inicial, a unidade 7 deriva da porção «acéfala» da unidade 6 (rotulada, por paralelismo, como 6.1). Entretanto, surge aqui uma sutil mas importante distinção em relação ao caso anterior. No lugar de ser uma simples cópia da unidade referencial, 7 se apresenta como uma variação, tanto no ritmo quanto, especialmente, na configuração de alturas, com a reversão do sentido descendente original (p→P), trazendo o que pode ser considerado o ponto climático do tema. Dois movimentos descendentes em terça (<aa>) são inseridos ao final, conduzindo a linha novamente para a região mais grave. Esses dois elementos requerem a adição de duas novas articulações rítmicas, produzidas pela dupla de r-letras <eb>.

Segue-se uma sequência por segunda diatônica descendente com final modificado, gerando a unidade 8, a partir de microtransformações de supressão e retificação (Figura 8.28). No contexto temático,

A melodia de Jobim

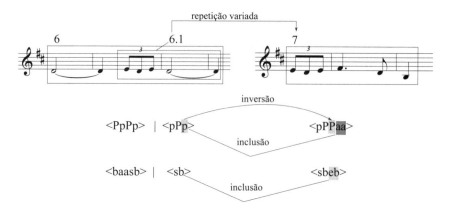

Figura 8.27: Análise da relação 6.1→7.

o novo fragmento parece funcionar como uma repetição enfática do gesto de passo ascendente introduzido na unidade 7, como que destacando sua importância no âmbito global do tema.

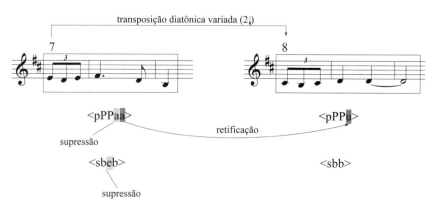

Figura 8.28: Análise da relação 7→8.

A quarta e última frase se inicia com a unidade 9, que parece ser uma reiteração da unidade 6 (incluindo o acompanhamento harmônico, D7/A). No entanto, como mostra a Figura 8.29, uma importante diferença surge em seu fechamento, com uma contração do intervalo final original (p→a). Esse gesto discreto, porém significativo, parece vir compensar o movimento ascendente introduzido na unidade 7 (e reiterado em 8). Creio que também é plausível enxergar aqui uma associação com o próprio texto da canção, já que o segmento coincide com o vocativo «Ah, meu coração», como um apelo de certa pungência.[25]

Figura 8.29: Análise da relação 6→9.

Segue-se uma simples derivação no nível meta (6.1→10), por transposição diatônica em segunda descendente (Figura 8.30).

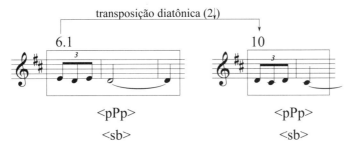

Figura 8.30: Análise da relação 6.1→10.

Concluindo a apresentação temática, a complexa unidade 2 é

---

[25]Outras relações entre música e texto são discutidas no capítulo 10.

evocada como referência para a derivação da unidade final, 11 (Figura 8.31). Tal elemento surge como uma quase literal transposição diatônica de 2 por quarta descendente.[26] Em nível micro, a inserção de uma r-letra *a* antes do último ataque (b) parece ter uma função agógica de enfatizar o caráter conclusivo da frase, ao postergar a chegada dessa nota.

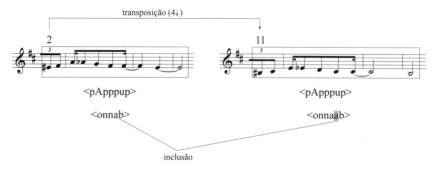

Figura 8.31: Análise da relação 2→11.

As relações de derivação em *Insensatez* são resumidas na árvore da Figura 8.32. De modo semelhante ao que foi observado na análise de *Engano*, uma unidade – neste caso, a 6 – assume o papel de introduzir novos elementos, inaugurando uma espécie de sublinhagem derivativa.

***

As duas análises apresentadas neste capítulo buscam ilustrar esse distintivo aspecto do estilo jobiniano que é a construção temática a partir de um notável senso de economia. Embora, evidentemente, isso não possa ser estendido à obra completa do compositor, o tratamento derivativo discreto e de intensa organicidade pode ser

---

[26] O retorno desse motivo ao final denota o senso de equilíbrio formal de Jobim, já que, sem essa recapitulação, a ideia relativamente contrastante 2 ficaria um tanto «perdida», confinada apenas à metade inicial do tema.

A derivação econômica

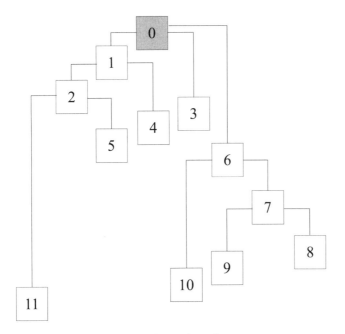

Figura 8.32: Análise da relação 2→11.

observado em diversas de suas composições, em níveis diferentes de concentração.[27]

Por fim, mas não menos importante, cabe ressaltar mais uma vez que a metodologia analítica adotada (baseada no submodelo MDA*) não tem, de maneira alguma, a pretensão de reconstruir o pensamento do compositor – certamente insondável e marcado por uma intuição criativa extremamente apurada –, mas tão somente a intenção de propor uma possível interpretação que, através de uma sistematização do processo analítico, possa evidenciar relações de derivação entre ideias correlatas.

---

[27]Dentre as quais, menciono *Canção em modo menor*, *Corcovado*, *Discussão*, *Eu e o meu amor*, *Eu preciso de você*, *Fotografia* e *Oficina*, além das peças inéditas mJ-8 e mJ-13 (ver suas transcrições no apêndice 1).

9
Saltos expressivos

O trabalho temático em âmbitos intervalares estreitos é uma das mais marcantes características composicionais de Jobim, como, aliás, foi evidenciado no capítulo anterior, especialmente através da análise derivativa de *Insensatez*. Nesse tipo de construção contida, o emprego de movimentos discretos (representados especialmente pelas c-letras p/P) em alternância, bem como de repetições de notas (c-letra u), tende a resultar em linhas *essencialmente* estáticas[1] e de alto índice iEc.[2]

Essa preferência construtiva é, de certo modo, respaldada pela baixa frequência de ocorrência das c-letras S/s nos seis repertórios jobinianos considerados, como discutido no capítulo 3.[3] De um modo geral, observou-se no levantamento estatístico que os saltos amplos (ou seja, intervalos maiores que quarta justa) correspondem a menos do que 5% do total dos movimentos melódicos entre duas alturas consecutivas nas melodias analisadas.[4] Entre as duas alternativas possíveis, saltos ascendentes (c-letra S) são mais comuns do

---

[1] Ver capítulo 6.
[2] Ver subseção 2.3.1, no capítulo 2.
[3] Ver especialmente a subseção 3.1.2.
[4] Em comparação, intervalos de arpejos (A/a) correspondem a pouco mais de 20%, em média, dos movimentos.

que os descendentes (s), o que torna este último gesto o movimento mais raro entre todos na música jobiniana.

Tal raridade torna o eventual aparecimento de saltos dentro de uma c-palavra como um fator potencialmente expressivo, um elemento de surpresa e contraste e, por vezes, associado a alguma conotação extramusical.[5]

De um modo geral, os saltos em uma c-palavra implicam uma mudança de registro e, frequentemente, também de direção, sendo principalmente aplicados aos finais.[6]

Associando metaforicamente os movimentos em saltos a fenômenos físicos, é possível interpretá-los como responsáveis por trocas mais incisivas de *energia*, por assim dizer, em melodias. Assim, um salto ascendente provocaria um acúmulo de energia potencial (proporcionalmente à sua magnitude), que seria então dissipada na linha de maneira gradual (numa descida escalar) ou súbita, através de um salto descendente.[7] A manipulação de tal tipo de dinâmica por um compositor, de modo criativo e intuitivo, é aquilo que, em suma, constitui a inventividade da construção melódica.

Neste capítulo, os saltos melódicos tomam, portanto, o primeiro plano de observação. Alguns casos representativos serão trazidos à discussão e analisados, na investigação sobre a existência ou não de padrões ou procedimentos recorrentes que possam eventualmente ser associados ao estilo do compositor.

---

[5]O que toca o assunto do próximo capítulo.

[6]Evidentemente, não é minha intenção sugerir que tais configurações sejam de uso exclusivo de Jobim, porém evidenciá-las contribui, por certo, para uma visão mais detalhada de sua prática composicional. Além do mais, parece plausível supor que preferências específicas no uso de saltos possam ser, sim, mapeadas e comparadas futuramente com aquelas presentes em outros repertórios.

[7]A dinâmica dos movimentos melódicos em um *corpus* de canções folclóricas é estudada em detalhes por David Huron (1996), levando-o a algumas conclusões que se assemelham, em certos pontos, ao que é observado na presente análise.

9.1 Uma tipologia para o uso de saltos

Proponho nesta seção uma tipologia básica, inicial, de situações melódicas em que saltos são aplicados. Para isso, adoto as convenções e representações introduzidas no capítulo 4, especialmente as identificações genéricas de gestos de contorno. A Figura 9.1 mostra as representações abstratas de seis situações do uso de saltos dentro de um dado segmento melódico.

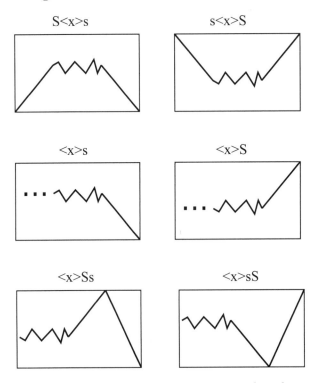

Figura 9.1: Representações de seis casos de saltos em c-palavras.

Nesses esquemas, apenas os saltos (c-letras S/s) interessam para a análise: os demais movimentos intervalares são representados por linhas onduladas e reticências. Sendo tais elementos irrelevantes para a abordagem em questão, são denotados nas fórmulas pelo símbolo [x]. Basicamente, as representações descrevem as seguintes situações genéricas:

- S<x>s – início com salto ascendente e finalização em salto descendente, intercalados por algum tipo de movimentação discreta (seja uma linha de perfil estático ou movimentos escalares com eventuais mediações de saltos arpejados);

- s<x>S – início com salto descendente e finalização em salto ascendente, intercalados por algum tipo de movimentação discreta (corresponde ao inverso do caso anterior);

- <x>s – finalização em salto descendente;

- <x>S – finalização em salto ascendente (o inverso do caso anterior);

- <x>Ss – finalização com uma sequência de dois saltos, ascendente e descendente;

- <x>sS – finalização com uma sequência de dois saltos, descendente e ascendente (o inverso do caso anterior).

Entenda-se essa tipologia como um conjunto básico de situações genéricas que podem se manifestar de maneiras diferentes e específicas. As próximas análises buscam ilustrar suas aplicações em algumas peças jobinianas.

A seção introdutória da canção *Bebel* (c. 1–28) talvez seja o exemplo mais exuberante do uso de saltos em melodias jobinianas. A linha melódica nesse trecho se apresenta como uma série de movimentos disjuntos, em saltos inusitadamente extensos (abrangendo décimas, nonas, oitavas e sétimas), o que faz da canção (pelo menos em sua introdução) um exemplar atípico no repertório.

Como apontado na análise harmônica de *Bebel*,[8] os eventos melódicos nesses compassos iniciais são gerados a partir da sequenciação de um padrão genérico <Sps>: um grande salto ascendente, compensado por uma descida escalar, seguindo-se um outro salto extenso (embora de menor amplitude em relação ao primeiro), desta vez descendente, como mostra a Figura 9.2, que inclui ainda a representação do contorno específico do trecho. Se considerarmos apenas o padrão gerador, é possível classificar esse caso como uma manifestação específica do tipo S<x>s.[9]

Um elemento importante e distintivo a destacar nesse trecho é a maneira como os saltos iniciais vão gradualmente se expandindo – nona maior, décima menor e décima maior –, contraindo-se em seguida – oitava, sétima maior e sétima menor.[10]

Uma variante do caso inverso (ou seja, o tipo s<x>S) pode ser encontrada no trecho dos c. 25–28 em *Se todos fossem iguais a você* (Jobim e Vinicius de Moraes), como apresentado na Figura 9.3, que inclui a repetição do padrão em sequência na c-palavra seguinte. Em cada ocorrência do padrão, uma repetição de nota (c-letra u) se apresenta como pivô entre os saltos, bem como um elemento de finalização métrica.

Algo semelhante pode ser visto em *Estrada branca*, também de Jobim e Vinicius de Moraes (Figura 9.4), no trecho dos c. 36–39. Aqui a alternância de saltos acontece no interior da frase (que conclui com um salto arpejado de quarta ascendente, c-letra A).

A princípio, o caso de *Vem viver ao meu lado* (Jobim e Alcides Fernandes), Figura 9.5, parece requerer a criação de um sétimo

---

[8] Almada (2022, pp. 142-148).
[9] Este e os demais exemplos do capítulo omitem a identificação dos acordes de acompanhamento, por uma questão de clareza e foco, já que os comportamentos dos eventos melódicos são o que está em primeiro plano.
[10] Adicionalmente, observe como é extenso o âmbito melódico total, abrangendo uma oitava e uma sexta maior (ou uma décima terceira maior), uma extensão que quase extrapola a tessitura de uma voz mediana.

A melodia de Jobim

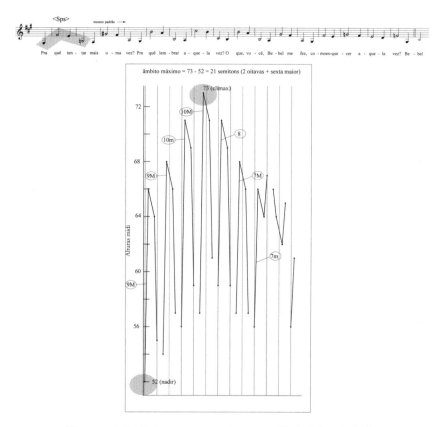

Figura 9.2: Saltos expressivos em *Bebel* (c. 1–21).

tipo (que seria identificado como S<x>S), já que se inicia com um salto ascendente de sexta maior, seguido por uma compensação por descida escalar, concluindo com novo salto de sexta ascendente. Entretanto, considero que possa ser classificado como uma manifestação do tipo <x>S>, podendo ser descrito informalmente como «algo antes de um salto ascendente». Nesse caso, o salto inicial é neutralizado pelos passos descendentes que o seguem (ou seja, dissipando a energia inicial e tornando, na prática, o segmento estático,

Saltos expressivos

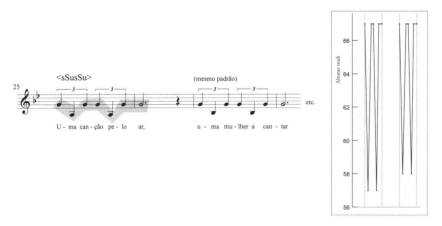

Figura 9.3: Saltos expressivos em *Se todos fossem iguais a você* (c. 25–28).

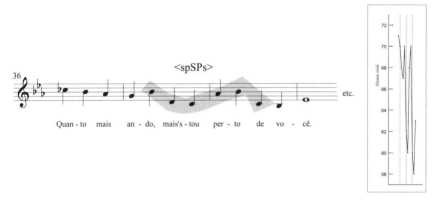

Figura 9.4: Saltos expressivos em *Estrada branca* (c. 36–39).

como sugere o esquema abaixo da pauta). Por sua vez, o segundo salto tem claramente um peso expressivo maior do que o primeiro, devido ao fato de fechar a frase.

Outra manifestação específica do tipo <x>S se observa na lírica *Modinha* (Jobim e Vinicius de Moraes), onde uma descida escalar

A melodia de Jobim

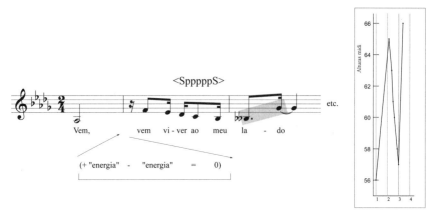

Figura 9.5: Salto expressivo em *Vem viver ao meu lado* (c. 1–3).

(c. 14) é respondida por um salto ascendente de quinta justa, que é, em seguida, reiterado por um salto um pouco mais amplo (sexta menor). O trecho prepara a continuação da sentença (ver análise da Figura 9.6), que dá início ao momento climático da canção.

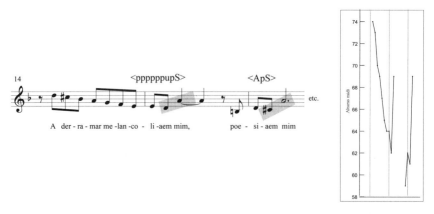

Figura 9.6: Saltos expressivos em *Modinha* (c. 14–16).

Saltos expressivos

Um caso bem semelhante é encontrado em outro trecho de *Estrada branca* (c. 36–38), como mostra a Figura 9.7. Aqui, a linha que antecede o salto conclusivo (de sétima menor) é menos direta, ainda que também de perfil descendente.[11]

Figura 9.7: Salto expressivo em *Estrada branca* (c. 36–38).

Em *Sucedeu assim* (Jobim e Marino Pinto), observamos outra variante do mesmo tipo, na qual o salto (de sétima menor) conclui uma enunciação melódica virtualmente estática (Figura 9.8).

O caso inverso, isto é, a conclusão em salto descendente (tipo <x>s), pode ser exemplificado em *Piano na Mangueira* (Jobim e Chico Buarque), *Tereza da praia* (Jobim e Billy Blanco) e, mais uma vez, em outro trecho de *Estrada branca*, como apresentam as Figuras 9.9, 9.10 e 9.11, cada qual com amplitudes intervalares distintas.

Saltos contrários contíguos (tipos <x>sS e <x>Ss) são bem mais raros no repertório. No entanto, existe um exemplo marcante, ao final da segunda frase do canto principal de *Desafinado* (Jobim

---

[11]Essa mesma situação é examinada do ponto de vista harmônico em *A harmonia de Jobim*, considerando que o apoio do salto acontece sobre o conhecido Acorde Tristão – $F^{\varnothing}$ (Almada, 2022, p. 260).

A melodia de Jobim

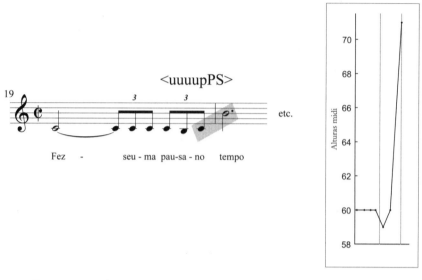

Figura 9.8: Salto expressivo em *Sucedeu assim* (c. 19–20).

Figura 9.9: Salto expressivo em *Piano na Mangueira* (c. 25–28).

e Newton Mendonça): os dois saltos (Ss) parecendo sublinhar musicalmente o sentido das palavras «imensa dor».

Saltos expressivos

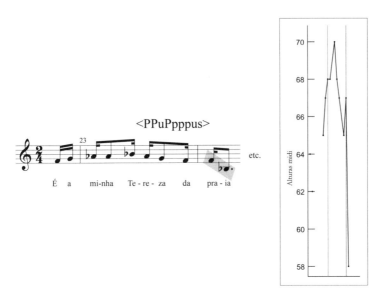

Figura 9.10: Salto expressivo em *Tereza da praia* (c. 13–24).

Figura 9.11: Salto expressivo em *Estrada branca* (c. 51–54).

A melodia de Jobim

Figura 9.12: Salto expressivo em *Desafinado* (c. 16–18).

Como não poderia deixar de ser, saltos expressivos também estão presentes nas peças inéditas de Jobim. A Figura 9.13 apresenta algumas das ocorrências que se ajustam aos tipos previamente listados.

***

A tipologia proposta neste capítulo mostrou-se uma ferramenta eficaz para a análise do uso de saltos em melodias. Dos seis tipos previstos, cinco deles foram identificados nos excertos dos exemplos.[12]

De um modo geral, a partir das análises da amostra de peças selecionadas, podemos considerar que os saltos (ascendentes ou descendentes) tendem a se concentrar ao final das c-palavras, atuando como desfechos (embora, claro, possam se apresentar em inícios e posições intermediárias, como vimos). De acordo com o que foi anteriormente sugerido, saltos ascendentes finais fazem as linhas ganharem energia potencial, gerando expectativa de que essa energia será posteriormente dissipada (em descidas graduais ou de modo mais brusco, em saltos em sentido contrário). Desse modo, atuam

---

[12]Veremos uma ilustração do tipo <x>sS no próximo capítulo, Figura 10.1.

Saltos expressivos

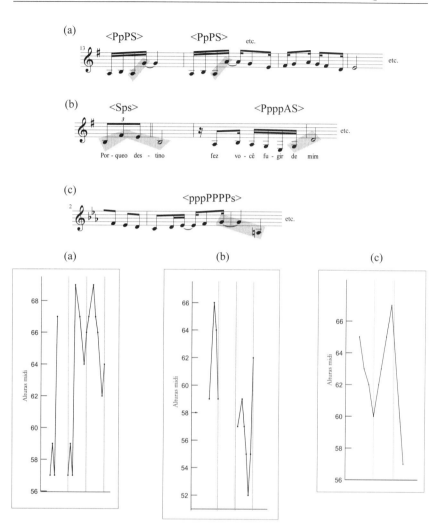

Figura 9.13: Saltos expressivos em peças inéditas jobinianas: (a) mJ-14, tipo <x>S; (b) mJ-15, tipos <x>Ss e <x>S; (c) mJ-16, tipo <x>s.

como espécies de «propostas» ou «questões» que requerem, de alguma maneira, um complemento. Por sua vez, saltos descendentes têm um caráter mais conclusivo, dissipando tensões acumuladas e se comportando como «respostas». Embora a abordagem deste capítulo não tenha levado em conta essa perspectiva mais global e, por assim dizer, «retórica» do emprego dos saltos nas melodias, a hipótese parece plausível, requerendo estudos futuros específicos.

Outra conclusão que pode ser tirada – e que parece estar firmemente associada ao estilo de Jobim – é que os saltos são usados como «temperos» na articulação de linhas predominantemente estáticas ou de movimentações discretas. Comparar esse uso com a prática de outros compositores (o que está nos planos da pesquisa) provavelmente contribuirá para reforçar essa conjectura.

10

Melodia e texto

As chamadas relações extramusicais formam um tópico de interesse de longa tradição, seja na própria prática composicional, remontando aos períodos medieval e, especialmente, renascentista, seja em sua documentação histórica, teórica e analítica.[1]

Embora tais relações possam ser rastreadas na música instrumental, como nos assim chamados poemas sinfônicos (por exemplo, *Assim falou Zaratustra*, de Richard Strauss, *Prometeu*, de Liszt, ou *O mar*, de Debussy, entre outros), é nas canções que, por vezes, elas se mostram mais evidentes.

Associações musicais-textuais, no entanto, nem sempre se referem a conotações explícitas, como aquelas encontradas em algumas peças sacras antigas, como, por exemplo, o emprego de uma es-

---

[1] Cito como ótimos exemplos de evocação de elementos não musicais duas obras vocais do compositor francês Clément Janequin (1485-1558): *Le chant des oiseaux*, que descreve, através de trinados e outros efeitos característicos, os sons e chamados de inúmeros pássaros que habitavam na época a França, e *La guerre*, peça que comemora a vitória francesa sobre as tropas inglesas na Batalha de Marignan. Nela, as vozes se sobrepõem na reprodução de sons da guerra, como tiros de canhão, toques de clarim e choques das espadas, entre outras onomatopeias, resultando numa imagem sonora bastante rica e impressionante.

cala ascendente para sublinhar uma «subida aos céus». Tal prática composicional, normalmente denominada *pintura sonora*, verificável mesmo nos dias atuais (na música para cinema, por exemplo), por vezes não é tão facilmente reconhecida, quando se integra organicamente à estrutura musical, por exemplo, na cooperação entre melodia e harmonia.

Outra possibilidade, também de longa tradição, são as associações mais indiretas e abstratas a *afetos* ou sensações que a composição busca despertar no ouvinte (por exemplo, tensão, medo, compaixão ou empatia), ou ainda a adequação a roteiros ou «programas», implícitos ou não (como nos já mencionados poemas sinfônicos).

Este capítulo tem a finalidade essencial de apresentar um breve painel sobre esse assunto no âmbito das canções de Jobim, levando em conta, na medida do possível, essas diferentes perspectivas. Evidentemente, pelas razões óbvias, como se trata de um tema no qual a subjetividade tem grande peso, as situações selecionadas para exame devem ser encaradas como possíveis interpretações, potencialmente questionáveis, ainda que algumas se apresentem mais consistentes e plausíveis do que outras.

Em um trabalho no qual examina a propriedade que tem a música de produzir significados, a musicóloga norte-americana Candace Brower propõe uma tipologia referente a associações entre estratégias composicionais e diferentes experiências humanas em relação ao mundo físico.[2] Assim, as ideias de *tensão/relaxamento, pertencimento, horizontal/vertical, ciclo, gravidade* etc. possuem «traduções» como esquemas musicais que são tacitamente reconhecidos por compositores e ouvintes ao longo dos períodos.[3]

No âmbito da música popular, o pesquisador Sérgio Freitas tem

---

[2] Ver Brower (2000).

[3] Recomendo especialmente a análise de Brower da canção *Du bist die Ruh*, composta por Schubert, que finaliza o artigo (Brower, 2000, pp. 35-57).

realizado alguns estudos sobre as relações entre sentido poético e harmonia (incluindo em suas análises algumas canções jobinianas).[4] De fato, em canções populares os eventos harmônicos assumem frequentemente o papel de principal veículo na evidenciação de relações com o texto, podendo ou não contar com a cooperação de elementos melódicos (o que está no foco deste capítulo). Tivemos a oportunidade de observar alguns exemplos ao longo do livro.[5]

Talvez o caso mais impressionante (não apenas do repertório jobiniano, mas de todo o universo musical popular) seja encontrado em *Samba de uma nota só* (Jobim e Newton Mendonça). Como analisado em *A harmonia de Jobim*,[6] os principais componentes da estrutura musical (alturas, ritmos, harmonia e as relações entre acordes e pontos de apoio melódico) interagem na expressão do texto, que se apresenta em múltiplos níveis de significado. Sendo um extraordinário exemplo de aplicação de metalinguagem

---

[4]Ver Freitas (2017a; 2017b). Nesse sentido, recomendo ainda a análise das relações entre harmonia e texto de *Sabiá*, feita pelos pesquisadores Irna Priore e Chris Stover (Priore & Stover, 2014, pp. 10-19). Por fim, acrescento à lista de autores referenciais nesse escopo os nomes de Luiz Tatit (cujo foco principal está nas relações entre melodia e letra) e Philip Tagg, considerando especialmente os trabalhos que são citados na seção de bibliografia: Tatit (1996) e Tagg (2012).

[5]Ver, por exemplo, os breves comentários sobre *Eu te amo* (capítulo 5), *Surfboard* (capítulo 7), *Matita Perê*, *Águas de março* e *Sabiá* (capítulo 8), *Insensatez* (capítulo 9) e *Desafinado* (capítulo 10). Além destes, muitos outros casos em que a harmonia interage com o argumento poético poderiam ser acrescentados. Cito, por exemplo, dois deles: em *Triste*, ao final da frase «Triste é saber que ninguém pode viver de *ilusão*», uma inesperada *modulação-relâmpago* (Almada, 2022, pp. 161-165) de Lá maior para Dó♮ maior (M4M), de curta duração (apenas três compassos, retornando em seguida para a tônica principal), parece sublinhar justamente o conceito expresso pelo texto. Em *Lígia*, por sua vez, a declaração de amor platônico do eu lírico à personagem-título, marcada por indecisões, mudanças de planos e negativas, é musicalmente reforçada pela sistemática evitação do acorde tônico. A despeito desse insólito fato, a tonalidade (Dó maior) é claramente inferida pelo ouvinte.

[6]Almada (2022, pp. 295-308).

em música,[7] o texto descreve não apenas o elemento mais saliente (o próprio samba), mas também, metaforicamente, diante de uma suposta pessoa amada, as virtudes do protagonista (constância, sinceridade, modernidade, concisão) em comparação a seus possíveis rivais (que seriam frívolos, ultrapassados, dissimulados, verborrágicos etc.). Outra possível leitura do texto envolveria o contexto político-cultural da época em que foi composta a canção (1960), retratando a oposição entre a Bossa Nova e a chamada velha guarda da música popular brasileira.[8] Assim, a letra pode ser interpretada como uma resposta bem-humorada a críticas em relação ao novo gênero, retratado pelo «sambinha de uma nota só».

Outro caso interessante e peculiar acontece na bela valsa em Dó menor *Luiza*, envolvendo justamente as enunciações do nome da personagem-título. A primeira ocorrência se dá no c. 19, após uma subida acidentada da melodia que alcança o ponto culminante de toda a canção, um Ré$_4$ (Figura 10.1a). De maneira bastante significativa, a palavra «Luiza» é harmonizada pelo acorde tônico, porém em modo maior (CM7.9), portanto com a melodia nesse ponto apoiando-se sobre a nota-função 9. A união do clímax melódico a seu contexto harmônico tem um efeito semelhante ao de um acender de luzes, enfatizando esse momento expressivo.

Dez compassos depois, o nome reaparece, desta vez num registro médio e harmonicamente «normalizado», isto é, suportado pelo acorde tônico em modo menor (Figura 10.1b). Observe que, novamente, a melodia se apoia sobre uma tensão (agora, a nota-função 11).[9]

---

[7]Ou seja, a letra *fala de si mesma*, quer dizer, da própria música que a acompanha. Uma boa ilustração disso: «Eis aqui este sambinha feito numa nota só» (justamente no trecho em que – de fato – uma única nota, Ré, é tocada em ritmo de samba).

[8]Para uma ideia da problemática envolvida, ver, por exemplo, Tinhorão (1969).

[9]Subjacentemente, o gesto melódico em dois saltos de sentidos inversos – descendente-ascendente – se ajusta ao tipo <x>sS, justamente aquele não contemplado em exemplos do capítulo 9. Outro fato a destacar no trecho é a

Melodia e texto

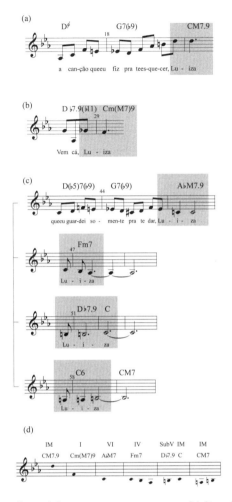

Figura 10.1: Seis diferentes contextos melódico-harmônicos para o vocativo «Luiza».

---

semelhança com o famoso (e muito citado musicalmente) motivo inicial do prelúdio do primeiro ato da ópera *Tristão e Isolda*, de Wagner. Para uma discussão sobre outras referências harmônicas dessa obra wagneriana na música de Jobim

A melodia de Jobim

A Figura 10.1c reúne as quatro enunciações que finalizam a canção, como uma espécie de coda. Na primeira delas (c. 44–45), a expectativa da conclusão em cadência perfeita autêntica (II–V–I) é frustrada pela substituição do acorde tônico pelo VI (A♭M7), a despeito de a melodia se dirigir para a tônica (Dó$_3$). Uma menção intermediária ao nome da musa acontece no c. 47 sobre a subdominante (Fm7), como que buscando reposicionar a melodia para nova tentativa de finalização. Isso acontece nos c. 51–52, numa conclusão aparentemente definitiva, ainda que, mais uma vez, em modo maior.[10] Jobim, no entanto, produz uma nova evocação ao nome da personagem-título, que se desenrola como um prolongamento (no sentido schenkeriano) da sonoridade tônica maior, uma espécie de eco «distorcido» da conclusão precedente, sobre a sétima maior, como que sugerindo um final não tão perfeito assim para a história.

A Figura 10.1e resume as seis evocações a «Luiza», cada qual num contexto distinto, a sugerir a representação de uma personalidade multifacetada (ou, alternativamente, as diferentes perspectivas pelas quais ela seria considerada pelo eu lírico).

No caso da seção principal de *Garota de Ipanema* (Jobim e Vinicius de Moraes), outro tipo de evocação se apresenta, agora mais abstrata, em associação às imagens descritas pela letra. Como sugere o esquema gráfico proposto na Figura 10.2, o «doce balanço» da garota rumo à praia parece se desenhar na própria trajetória de idas e vindas das notas na pauta (que, por sinal, também evocariam o famoso desenho em pedras portuguesas das calçadas da praia de Ipanema) a partir do ponto de vista dos compositores.[11]

(incluindo a própria canção *Luiza*), ver Almada (2022, pp. 254–260).

[10] O acorde de preparação cadencial aqui é o substituto tritônico (SubV) da dominante primária. A resolução em modo maior evoca o efeito da *Terça de Picardia*, maneirismo tipicamente barroco para conclusões de certas peças em modo menor.

[11] Lembro que em *Surfboard* (ver pp. 109–110) também foi sugerido que o movimento das ondas do mar pudesse ser representado pictoricamente pelas

Melodia e texto

Figura 10.2: Representação gráfica, na pauta musical, do «balanço» da *Garota de Ipanema*.

Outro tipo de conotação musical ligada a movimentos físicos, ainda mais subliminar, pode ser encontrado no trecho próximo ao final de *Samba do avião* (c. 51–53), como mostra a Figura 10.3. Diversos fatores combinados parecem aqui sublinhar o crescendo de expectativa sugerido em dois trechos da letra (cada qual associado a uma estrofe) referentes a momentos correlatos no tempo, a saber: o aviso do comandante do avião de que a chegada está próxima («Dentro de mais um minuto estaremos no Galeão») e o próprio instante do pouso, vivenciado pelos passageiros («Água brilhando, olha a pista chegando...»). A melodia retrata esse progressivo aumento de tensão com uma movimentação ascendente, em arpejamento ondulante. Contribui para a sensação de expectativa a manutenção de um só acorde (Em7),[12] o II grau cadencial, que antecede o dominante que levará à conclusão em cadência autêntica (a aguardada aterrissagem). O acorde é lentamente «esticado», com a apresentação sucessiva de quase todas as suas notas-funções (3, 5, 7, 9, 11 e 6), faltando apenas a fundamental (Mi) para completar sua escala (Dórica).

As relações entre direções melódicas e o sentido poético podem ser também consideradas em larga escala, como na interpretação proposta pela Figura 10.4, que traz uma redução analítica das al-

---

notas da partitura.

[12] Destaque-se que este é o único momento na peça inteira em que o fluxo harmônico é congelado em um único acorde, gerando naturalmente expectativa pela continuação.

A melodia de Jobim

Figura 10.3: Sugestão de expectativa para o pouso em *Samba do avião* (c. 51–53).

turas de *Eu sei que vou te amar* (Jobim e Vinicius Moraes). A estrutura da canção, em um período-choro com suas quatro frases regulamentares, parece se ajustar ao roteiro do texto: a primeira frase (c. 1–8) apresenta a ideia básica da peça, cujo perfil escalar ascendente parece estar associado ao sentido de um gradual crescimento do amor enunciado pelo protagonista («Eu sei que vou te amar, por toda minha vida...»).

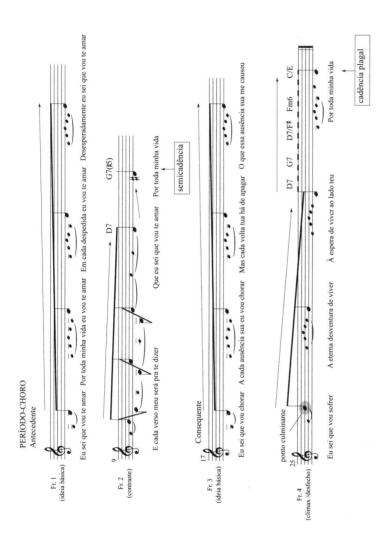

Figura 10.4: Associações entre direções melódicas e o roteiro de *Eu sei que vou te amar*.

A frase contrastante (c. 9–16) pode ser interpretada como um momento de reflexão do eu lírico, que se revela um poeta («E cada verso meu será...»). A melodia assume também um novo comportamento, alternando saltos em uma trajetória global descendente que leva à normativa semicadência. Esta é alcançada através da retomada do mote «Eu sei que vou te amar», enfatizada melodicamente pelo cromatismo ascendente Ré-Ré♯.

O consequente começa com a frase 3 (c. 17–24), que reproduz o conteúdo musical da primeira frase (e sua lenta ascensão melódica), porém com uma significativa mudança em relação ao texto: o poeta acrescenta agora à certeza de que vai «amar» a certeza de que (também) irá «chorar» devido à ausência da amada. A subida da melodia, no entanto, sugere que seu sentimento é persistente, apesar dos eventuais sofrimentos de que possa padecer.

No início da quarta frase (c. 25–32), a tensão acumulada atinge seu ápice («Eu sei que vou sofrer»), com a repetição uma oitava acima dos saltos que encabeçam as frases 1 e 2, atingindo assim a nota Si_3. A partir desse ponto, inicia-se uma descida mais «íngrime», que dissipa rapidamente a tensão, levando, no c. 29, a melodia à tônica («À espera de viver ao lado teu...»). Contudo, o repouso harmônico se apresenta defasado em relação ao melódico, só alcançando o I grau dois compassos depois, através de uma cadência plagal. Mesmo esse curto trecho seria possível interpretar a partir da letra, com o prolongamento da tônica melódica fazendo referência ao desejo de «Por toda minha vida».

***

Longe de querer esgotar um assunto tão fascinante quanto polêmico, este capítulo buscou tão somente comentar algumas das inúmeras possibilidades de interação entre texto e música nas canções jobinianas. Tais breves exemplos abrangeram desde as mais evidentes correspondências com palavras específicas até relações mais abstratas e subliminares, considerando associações a argumentos e ideias gerais, levando ainda em conta o emprego da música para reforçar imagens metalinguísticas.

Retomando o que foi dito na introdução do capítulo, reconheço que a subjetividade inerente às análises aqui introduzidas pode, sem dúvida, fragilizar algumas das interpretações propostas. Sim, também acredito que alguns pontos possam ser discutíveis e questionáveis, mas, por outro lado, considero que, no geral, a argumentação apresentada pode ser encarada, pelo menos, como plausível. Na verdade, em tal nível de exame, nada muito certo e objetivo poderia ser, de fato, esperado (a menos que se pudesse contar, a título de suporte, com análises dos próprios compositores, o que nem sempre é possível – e que é, claro, totalmente impossível no presente caso).

Numa linha semelhante, interpretações de canções com música e texto produzidos por pessoas distintas poderiam ser também questionadas. Não creio, entretanto, que esse possa ser um argumento definitivo *per se*. Basta dizer que, na maior parte das vezes, canções em parceria são compostas conjuntamente, sendo frutos de sucessivas idas e vindas, aperfeiçoamentos e ajustes de música e texto, até resultarem, como produto acabado, em uma unidade orgânica. Afinal, a tradução musical ideal de um argumento poético requer «apenas» experiência, intuição e inventividade apuradas (atributos naturais em Jobim). Mesmo em situações em que a letra é feita após a música ter sido concluída, a lógica da construção musical, nas mãos de um letrista talentoso, pode ser perfeitamente captada e traduzida em palavras.

Ainda que com um potencial mais reduzido em relação aos recursos harmônicos disponíveis para efetivar conotações extramusicais, a melodia se apresenta como uma dimensão também poderosa nesse sentido (especialmente quando em interação com elementos harmônicos), como as ilustrações do capítulo buscaram demonstrar. O aprofundamento das discussões aqui iniciadas mostra-se como um caminho promissor em direção a um estudo sistemático da questão.

11
Estratégias estilísticas

Este capítulo tem como finalidade principal dar início a uma relativamente longa jornada, cujo destino é o mapeamento do estilo composicional jobiniano. Apresenta-se, assim, como uma seção conclusiva – não apenas em relação aos assuntos tratados neste livro, mas abrangendo também a prospecção empreendida em *A harmonia de Jobim*. Na verdade, retomando o que escrevi na introdução do presente volume, considerar melodia e harmonia como componentes de uma única entidade – as proverbiais faces de uma mesma moeda[1] – faz todo o sentido, no âmbito da pesquisa global. Por questões puramente operacionais, as duas dimensões foram abstraídas dessa unidade, o que permitiu que pudessem ser sistematicamente analisadas.

Um mapeamento estilístico (referente a um gênero, a um período, a um grupo de compositores ou a um músico específico) é uma tarefa, no mínimo, bastante ambiciosa. O que seria, aliás, o

---

[1] Mais própria e precisamente dito, a harmonia *é* justamente o conceito que congrega notas a acordes, levando-se em conta a acepção mais ampla que adoto para o conceito. Apenas por uma questão de clareza, considerando o sentido mais comum para o termo, eventualmente me refiro no texto à ideia de harmonia como representante de relações entre acordes. Espero que o contexto de cada caso não deixe dúvidas quanto à acepção adotada.

A melodia de Jobim

estilo musical, essa abstração quase intangível? Poderia ser visto como uma espécie de «objeto»? Uma coleção de procedimentos? A consolidação de escolhas feitas diante de um vasto leque de possibilidades? Um conjunto de processos dinâmicos, incluindo mútuas relações de influência entre os atores envolvidos? Bem, em minha visão sobre o assunto, creio que todas essas opções têm, de alguma maneira, relação com a ideia de estilo.

Como acima sugerido, minha pretensão neste capítulo não é realizar uma abordagem definitiva ou exaustiva, mas apenas iniciar uma discussão sobre o caso específico do estilo de Jobim, o que se pautará exclusivamente nos levantamentos analíticos feitos ao longo dos dois livros, considerando diversos aspectos examinados. Posteriormente, na continuidade da pesquisa, novos levantamentos semelhantes serão realizados, envolvendo vários outros compositores (Ivan Lins, Edu Lobo e Chico Buarque são os primeiros dessa lista), o que possibilitará, por sua vez, o estabelecimento de seus próprios mapeamentos estilísticos e, principalmente, permitirá que sejam feitas comparações entre eles. A cada nova peça inserida nesse mosaico de estilos, mais precisas e bem definidas irão se tornar as fronteiras dos respectivos contextos, assim como as conclusões que poderemos extrair de suas comparações.

11.1 Territórios estilísticos

O musicólogo norte-americano Leonard Meyer se tornou um dos maiores especialistas no estudo do estilo musical. Em seu seminal livro *Style and Music*,[2] o tema é tratado com inéditas profundidade e sistematização. Ainda que voltados para o repertório da música de concerto (especialmente, o estilo romântico), vários dos conceitos e formulações propostos por Meyer podem ser perfeitamente aplicados ao estudo do contexto da música popular, pois, essencialmente, referem-se ao mesmo tipo de fenômeno.

---
[2] Meyer (1989).

Um desses conceitos é a ideia de *territorialidade estilística* (*stylistic territoriality*, no original em inglês).[3] Basicamente, essa metáfora geográfica se ajusta à noção de que estilos podem ser definidos por limites, sejam eles temporais (música medieval × renascentista, samba pré-1930 × samba do Estácio[4] etc.), estruturais (formas sonatas clássica × romântica, *blues* × *rock* etc.) ou estéticos (choros de Pixinguinha × choros de Jacob do Bandolim, as sinfonias beethovenianas 2 × 9 etc.). Na verdade, tais parâmetros muitas vezes se sobrepõem, reforçando ou mesmo diluindo as fronteiras estilísticas, o que pode tornar bastante complicadas as tentativas de mapeamento.

Sendo esta uma abordagem inicial, a Figura 11.1 propõe localizar o território estilístico de Jobim num esquema bastante simplificado, no qual contextos temporais/estéticos são representados como conjuntos. Dessa maneira, a «região jobiniana» estaria inserida na assim chamada «MPB» (Música Popular Brasileira), que, por sua vez, é um subconjunto da «música popular do Brasil».[5]

---

[3] Meyer (1989, p. 222).

[4] Ver a discussão a respeito em Sandroni (2001).

[5] É preciso estabelecer aqui uma importante distinção entre esses dois contextos aparentemente sobrepostos em termos conceituais, algo que a diferença sutil em suas denominações procura distinguir. Entenda-se o superconjunto «música popular do Brasil» como a coleção de todas as obras compostas por autores brasileiros, independentemente de época, gênero musical ou região geográfica, englobando peças escritas a partir de, aproximadamente, 1850 (por exemplo, as polcas de Joaquim Callado) até a data presente. Já o subconjunto da MPB, uma designação informal, mas consensualmente aceita por músicos, críticos e ouvintes em geral, leva em conta alguns fatores delimitadores, como época (a partir do final dos anos 1950), região de produção (concentrada – essencial, mas não exclusivamente – nos principais polos culturais do país, Rio, São Paulo, Salvador etc.) e – o que é sempre uma questão bastante problemática e subjetiva – orientação estética. Isso, basicamente, envolve aspectos estruturais-musicais (como sofisticações harmônicas e texturais, instrumentações «modernas» etc.) e textuais (temáticas complexas ou polêmicas, canções «de protesto», estruturas poéticas inusitadas etc.). Embora essa dualidade dos conjuntos seja uma questão instigante, não pretendo ir além deste ponto na discussão, já que o objetivo de trazê-la à baila foi tão somente propiciar a localização do alvo que está aqui

A melodia de Jobim

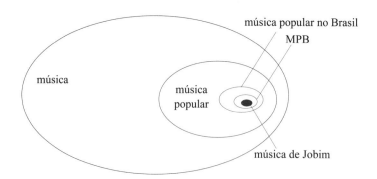

Figura 11.1: Identificação do território estilístico de Jobim.

11.2 Idioma e idioleto

Definir o território de estudo é apenas o primeiro passo de um processo longo, já que – parafraseando John Donne – nenhum compositor é uma ilha. Não apenas relações de influência (que podem se estender por longos períodos) moldam um estilo particular, mas também muitas informações compartilhadas entre os compositores que habitam o mesmo contexto estético-temporal. Tal conjunto de informações representa um *idioma* musical,[6] uma espécie de língua franca que reúne compositores distintos numa única e razoavelmente homogênea corrente de expressão. O idioma engloba, assim, normas básicas, de uso corrente, quase atemporais (por exemplo, a referencialidade a uma tônica, as relações métricas, as configurações funcionais-sintáticas básicas etc.) e outras mais específicas, delimitadoras do território estilístico, do qual fazem parte os compositores de mesmo contexto idiomático (por exemplo, o emprego de empréstimos modais, preferência por acordes com quatro ou cinco

---

em exame, a música de Jobim.

[6]Adoto aqui uma acepção razoavelmente distinta em relação àquela proposta por Meyer em seu referido livro. Para o autor, essa ideia seria mais propriamente denominada um *dialeto*, enquanto *idiomas* designariam seus possíveis subconjuntos.

notas, finalizações melódicas em tensões etc.).[7] De acordo com os termos de Meyer, tais normas gerais e específicas se ajustam ao conceito de *regras* (*rules*),[8] cuja combinação e contínua replicação por parte dos compositores propiciam a consolidação do idioma que compartilham.

Por outro lado, um *idioleto* seria definido pelo conjunto de *preferências* idiossincráticas de um compositor em relação àquelas adotadas por seus pares, referentes a determinados aspectos musicais (como, por exemplo, o uso de fórmulas harmônicas inusitadas). Em oposição às regras, essas soluções distintas são denominadas por Meyer *estratégias* (*strategies*). É importante acrescentar que uma mera escolha composicional fortuita não caracterizará, por si só, uma estratégia (muito menos contribuirá para a formação de um idioleto), o que se daria apenas através de sua cristalização por recorrência. Isso nos traz um ponto de enorme importância para o estudo do estilo, que é justamente a dimensão *estatística*, aspecto também enfatizado por Meyer em seu livro.[9]

Parte da complexidade da tarefa do mapeamento do estilo de um compositor é evidenciada na Figura 11.2. O esquema leva em conta as escolhas de três compositores hipotéticos (A, B, C) referentes a um determinado aspecto musical (por exemplo, finalizações cadenciais), representadas pelas setas. A convergência das setas (formando áreas de diferentes tons de cinza) sugere a existência de procedimentos comuns em várias combinações (A+B, A+C, B+C e A+B+C), enquanto setas que apontam para o «vazio» indicam

---

[7]Essas características poderiam, por exemplo, servir como distintivas entre os idiomas dos conjuntos «música popular do Brasil» e «MPB».

[8]Ver Meyer (1989, pp. 20-21).

[9]Ver Meyer (1989, p. 57). Esse aspecto também se associa a questões mais profundas relacionadas a processos cognitivos, como a noção de *aprendizado estatístico* (ver, por exemplo, Huron, 2006) e as estruturas e funcionalidades dos diferentes tipos de memória que operam no reconhecimento do discurso musical (ver Snyder, 2001). Devido à complexidade desses temas e ao escopo limitado deste capítulo, passo ao largo dessas abordagens, porém destacando sua importância para o entendimento do estilo musical.

possíveis estratégias peculiares que podem se tornar, no caso de recorrência, potenciais *marcadores estilísticos* (*stylistic markers*)[10] da prática desses compositores.

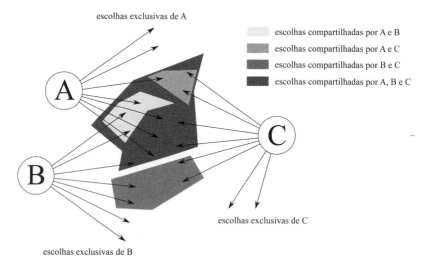

Figura 11.2: Exemplo hipotético de estratégias composicionais compartilhadas e idiossincráticas.

11.3 Possíveis estratégias jobinianas

O breve arcabouço teórico das seções anteriores fundamenta o exame de possíveis candidatos a estratégias estilísticas jobinianas, a seguir. Consideraremos nessa abordagem ambos os domínios estruturais estudados nos dois livros, harmonia e melodia, já que, como diversas vezes discutido, são suas correlações que, na maior parte dos casos, definem as principais características composicionais. No entanto, no estágio atual da pesquisa, apenas hipóteses podem ser enunciadas, pois suas confirmações dependerão da continuidade do processo

---
[10]Ver Meyer (1989, p. 61).

analítico, a ser estendido a outros repertórios, com a subsequente comparação entre os dados obtidos.

Subdivido os candidatos a estratégias em dois grupos principais, os de caráter *qualitativo* e aqueles que se ajustam a uma abordagem *quantitativa*.

11.3.1 Estratégias qualitativas

São aspectos estruturais que podem ser observados e avaliados através de uma lente «macroscópica», ou seja, considerando suas recorrências no repertório a partir dos efeitos observados em grupos mais ou menos numerosos de obras. Se, por um lado, são de mais fácil identificação do que os aspectos quantitativos, o impacto de sua influência para a determinação do *status* ocupado no repertório – isto é, como regra ou estratégia – é bem mais subjetivo e fugidio.

- **Tipos acordais** – O léxico harmônico de Jobim se notabiliza pela alta diversidade de *tipos acordais*.[11] Nada menos do que 95 tipos acordais distintos foram detectados na análise de 145 canções, uma quantidade que, de fato, impressiona. No entanto, esse grande número de tipos dificilmente pode ser visto como um aspecto exclusivo do estilo jobiniano, já que as harmonias de outros compositores integrantes da MPB são também caracteristicamente bastante ricas.[12] Desse modo, o aspecto aparenta ser mais uma regra do que estratégia (nos termos de Meyer), ou, então, candidata-se a uma estratégia no âmbito do território estilístico da MPB.

---

[11] Entenda-se este conceito como uma abstração de um acorde, retendo apenas sua qualidade. São, assim, tipos acordais a «tríade maior», o «acorde maior com sétima maior», o «acorde menor com sexta e nona» etc. Para uma visão detalhada sobre tipos acordais na música de Jobim, ver Almada (2022, pp. 37-62).

[12] Como uma comprovação desse argumento, recentemente, análises harmônicas de *corpora* de peças de Edu Lobo e Ivan Lins revelaram também conjuntos com grande diversidade, respectivamente, 100 e 68 tipos acordais.

- **Relações binárias** – Como discutido em *A harmonia de Jobim*,[13] a existência de uma grande multiplicidade de tipos distintos de relações entre acordes contíguos encontrados na análise do *corpus* Jobim (2.689) dificulta em muito as tentativas de encontrar padrões típicos, ou seja, que possam ser associados a estratégias, considerando este aspecto específico. Nesse sentido, novos estudos, mais sistemáticos, começam a ser idealizados visando a filtrar as alternativas, separando aquelas que são claramente vinculadas a regras compartilhadas das que podem ser vistas como potencialmente idioletais. Provavelmente, essa tarefa demandará ainda bastante trabalho e tempo para que possamos obter conclusões consistentes a respeito num curto prazo.

- **Categorias funcionais** – A análise harmônica do *corpus* Jobim também detectou um espectro extraordinariamente amplo de classes funcionais, 19, considerando sete novas categorias, a saber: *dominantes secundários de empréstimos modais, SubVs de empréstimos modais, novos diminutos de passagem, napolitanos secundários, empréstimos de 2ª ordem, anti-SubVs e antinapolitanos*. Esse grupo foi, na pesquisa, denominado a *expansão funcional jobiniana*.[14] Ainda que, provavelmente, a noção de expansão funcional, em termos gerais, possa ser vista como estratégia compartilhada por diversos compositores (além de Lins e Lobo, por Chico Buarque, Caetano Veloso etc., apenas para ficar no contexto da música brasileira), é bem provável que algumas das classes identificadas possam ser bem mais comuns (ou mesmo peculiares) na música de Jobim, o que as tornaria estratégias. Portanto, eu diria que há nesse aspecto uma razoável probabilidade de que, dentre as classes de expansão funcional, encontremos futuramente estratégias caracteristicamente jobinianas.

---

[13] Almada 2022 (pp. 63-89).
[14] Para maiores detalhes, ver Almada (2022, pp. 110-127).

- **Cadeias de dominantes secundários** – Como demonstrado sistematicamente por Max Kühn, em sua já citada dissertação de mestrado,[15] é notável a diversidade de fórmulas distintas de dominantes consecutivos (ou cadeias de dominantes secundários, as DCs) na música de Jobim. O compositor vai bem além do uso normativo dessas fórmulas,[16] construindo inúmeras trajetórias com extensões e destinos diversos. A futura aplicação da mesma metodologia analítica a outros repertórios poderá, a partir da comparação dos resultados, destacar algumas dessas alternativas como estratégias jobinianas.

- **Gestos de contorno iniciais** – As sete categorias de gestos de contorno específico listadas no capítulo 4 poderiam ser talvez consideradas como estratégias composicionais, porém dificilmente em relação ao território jobiniano. Embora carecendo de um estudo sistemático específico sobre a questão, parece ser bem sensato considerar que são, em geral, herdadas de práticas anteriores, através de diversas possíveis influências, seja de compositores (Noel Rosa, Cole Porter, Chopin, Custódio Mesquita, Pixinguinha etc.) ou do gestual típico de gêneros (choro, samba, *fox-trot*, valsa etc.). Com a exceção do gesto «planalto», que parece – este sim – associado a uma preferência idiossincrática e recorrente de Jobim (o uso de linhas melódicas estáticas contra harmonias complexas e direcionais), portanto, uma estratégia, as demais categorias poderiam ser vistas como regras.

- **Estruturação temática** – Trata-se de outro caso no qual as preferências de Jobim, identificadas na análise e nos exemplos do capítulo 7, podem ser provavelmente atribuídas a in-

---

[15] Ver Kühn (2022).
[16] Baseado no emprego da sequência-padrão:
V/III→V/VI→V/II→V/V→V→V/IV→IV, parcial ou totalmente.

fluências sofridas pelo compositor. Chama, claro, a atenção a forte presença da estrutura de período (e, especialmente, do período-choro) para a construção temática (seja nas peças monosseccionais, como em partes internas das multisseccionais). No entanto, a observação informal de vários outros repertórios revela que a organização em período (em suas diversas e possíveis manifestações) ocupa um posto privilegiado nas arquiteturas temáticas da música popular em geral. Portanto, este aspecto pode ser considerado uma regra no âmbito do território jobiniano.

- **Relações harmônicas em alto nível** – Referem-se essencialmente às relações entre *regiões tonais* dentro das peças, o que envolve também a diversidade de tonalidades. Com respeito a este último aspecto, a análise harmônica revelou o extraordinário fato de que Jobim empregou em suas canções todas as 24 possíveis tonalidades (levando em conta, claro, a equivalência enarmônica), numa distribuição que privilegia sensivelmente aquelas em modo maior, especialmente, Dó (com cerca de 50% do total), Lá, Sol, Fá, Si♭ e Ré.[17] Mais significativo para a definição estilística, entretanto, é a distribuição das *relações* tonais. A análise identificou como as mais recorrentes modulações as relações *mediânticas cromáticas* M9M, M3M e M8M,[18] que correspondem, quando agrupadas, a cerca de 65% do total.[19] Ainda que relações mediânticas cromáticas sejam de uso corrente nos repertórios MPB em geral (e em seus congêneres, como o *jazz* a partir dos anos 1950, por exemplo), provavelmente sua alta recorrência

---

[17] Ver Almada (2022), pp. 153-157.

[18] Cada designação se refere a uma relação em alto nível entre dois centros tonais em modo maior (M), separados por intervalo de terça, maior ou menor, ascendente ou descendente, medido em semitons (os números da fórmula). Para maiores detalhes, ver Almada (2022, pp. 157-173).

[19] M10M – modulação entre dois centros em modo maior distanciados por 10 semitons – é também uma relação importante na música de Jobim.

(especialmente a relação M9M) observada na música de Jobim possa constituir uma estratégia. É mais um aspecto que demanda futuras comparações para uma definição precisa.

- **Pontos de apoios melódico-harmônicos** – Temos aqui também uma típica estratégia do território MPB/*jazz* que se mostraria, portanto, como regra na perspectiva da obra de Jobim. Os altos valores médios de tensão sensorial observados nos exemplos do capítulo 5 (algo que poderia, por certo, ser estendido a quase todo o repertório) são também característicos da música de Edu Lobo, Djavan e Chico Buarque, por exemplo.

- **Relações entre música e texto** – Neste caso, seria ainda mais frágil sugerir a possibilidade de que o uso expressivo dos elementos musicais pudesse ser uma estratégia do idioleto de Jobim, tendo em vista a longa tradição desse tipo de prática. Contudo, se nos ativermos a alguns casos específicos – e me refiro aqui especialmente a *Samba de uma nota só* –, certamente a peculiaridade do trato dado pelos compositores se destaca como única. Por outro lado, como já discutido, a candidatura de um procedimento específico a se tornar estratégia depende necessariamente de sua recorrência ao longo do repertório, o que não é o caso. Podemos, então, considerar esse aspecto como parte do conjunto de regras.

- **Linhas cromáticas** – É justamente o peso estatístico associado ao emprego de linhas melódicas cromáticas por Jobim (em uma considerável variedade de situações, como amplamente exemplificado no capítulo 6) que sugere ser esse aspecto um forte candidato a estratégia composicional. Na verdade, a adoção de planos harmônicos subordinados a linhas cromáticas (especialmente no baixo) é uma das características mais salientes na música jobiniana, de notório reconhecimento pelos músicos, de modo geral.

- **Derivação econômica** – Eis aqui outra importante marca registrada (embora menos evidente do que os cromatismos) do tratamento composicional de Jobim. Ainda que dependendo da realização de estudos comparativos consistentes sobre a derivação temática por meios orgânicos e econômicos em música popular (um campo ainda pouco explorado), essa prática, nas mãos do compositor, é sempre efetivada de maneira inventiva e concentrada, candidatando-se a uma de suas principais estratégias.

11.3.2 Estratégias quantitativas

São aquelas de nível «micro», isto é, associadas a parâmetros e métricas adotados no processo analítico (ver capítulo 2) e que são avaliados estatisticamente (capítulo 3). Embora tais aspectos sejam candidatos mais precisos e objetivos em relação aos qualitativos, sua determinação como estratégias pode ser apenas efetivada por comparação com os resultados de outras análises. Isso significa dizer que, no presente momento, podem apenas ser tratados como hipóteses.

Por uma questão de foco, os aspectos quantitativos a seguir serão considerados em relação ao *corpus* completo (cJ), abrangendo, portanto, seus cinco subconjuntos (*BN, BN, BN*, ci e cp).

- **c-letras** – A distribuição das c-letras, representada graficamente (ver Figura 3.2), mostra-se como uma espécie de «código de barras» específico, uma configuração que dificilmente será replicada em análises de outros repertórios.[20] Embora, claro, isso possa ser visto como uma evidência de peculiaridade na obra de Jobim, seria forçado tomar os gráficos de barras como uma estratégia, pois eles, na verdade, não apontam para procedimentos, mas tão somente para distribuições estatísticas. Assim, é preciso buscar nos dados e nas práticas

---
[20] O mesmo se espera, aliás, em relação aos demais parâmetros.

observadas em análises elementos que possam sugerir, ainda que vagamente, comportamentos característicos. No âmbito das c-letras, alguns dados parecem sugerir direções nesse sentido. É o caso da rara ocorrência de saltos, por exemplo, um fato que chama a atenção, especialmente quando os saltos são associados ao seu uso expressivo, como foi especulado no capítulo 8. Outra pista para possíveis estratégias é a forte presença de movimentos em grau conjunto, especialmente descendentes (c-letra p), bem como repetições de notas (u), fato que pode ser também, certamente, vinculado à já mencionada característica jobiniana que é a tendência de emprego de linhas melódicas discretas e estáticas.

- **c-palavras** – O grande número de c-palavras distintas encontrado na análise dificulta, nesse nível mais alto de organização das alturas, a extração de informações consistentes que possam definir estratégias composicionais. Contudo, secundariamente, os altos índices de economia intervalar compensada (iEc) que foram apurados (ver Tabela 3.2) não apenas representam um dado significativo – e uma possível característica imanente do estilo de Jobim –, como apresentam forte correlação com a predominância das c-letras P/p/u, reforçando em alto nível a hipótese de que a preferência por melodias estáticas seja, de fato, uma estratégia do compositor.

- **Âmbito melódico** – A definição de limites do campo de alturas pode, em certo sentido, ser considerada um fator de distinção entre os compositores, pois pode revelar preferências na escolha de registros e mesmo tonalidades. Entretanto, parece forçado considerar esse aspecto como uma estratégia, a não ser de modo indireto, em correlação com outros parâmetros.

- **r-letras** – Semelhantemente às observações feitas sobre as c-letras, o gráfico de barras das r-letras (ver Figura 3.5) evidencia, no nível mais básico de observação, uma espécie de *personalidade rítmica* do compositor, pelo menos hipoteticamente. De mesmo modo ao que foi acima comentado, a mais adequada exploração desse aspecto só será de fato efetivada quando gráficos referentes a outros repertórios estiverem disponíveis e puderem ser comparados. No estágio atual, entretanto, alguns elementos se destacam como de forte significado. Deixando de lado a distribuição da r-letra b,[21] observamos uma proeminência (nessa ordem) de *j, n, e, s, v* e *r*,[22] que juntas somam cerca de 45% das ocorrências (as demais 14 r-letras, excluindo-se *b* e a «pausa» *a*, totalizariam apenas 25%). Como discutido no capítulo 3, a r-letra *n* parece ser a mais promissora desse grupo seleto, pois é a mais contramétrica, propriedade associada à ideia de sincopação e, indiretamente, aos gêneros de samba, choro e bossa nova.[23] É assim possível imaginar – a depender de estudos futuros, claro – que a frequência percentual de ocorrência dessa letra no gráfico de barras de algum repertório possa ser correlacionada à presença dos três gêneros acima citados.[24]

- **r-palavras** – Como visto no capítulo 3, as r-palavras tam-

---

[21]É a r-letra mais recorrente, com cerca de 22% do total. Porém, provavelmente, ocupará uma posição de destaque em qualquer levantamento estatístico a ser feito, tendo em vista ser ela vinculada a articulações finalizadoras, que podemos supor serem predominantes nos fechamentos de r-palavras, independentemente de estilo.

[22]Para seus significados musicais, ver Figura 1.8.

[23]O que parece ser confirmado pelo perfil métrico do *corpus* (ver Figura 3.7).

[24]Nesse sentido, além das análises previstas de outros *corpora* associados a compositores da MPB, dois outros levantamentos estatísticos atualmente em processo – ambos voltados para os fenômenos melódicos, empregando o mesmo aparato teórico-metodológico aqui adotado – por certo contribuirão para a consolidação desse aspecto específico, a saber: uma análise que venho fazendo de 71 choros compostos por Pixinguinha e um levantamento exaustivo da estrutura do samba, cobrindo cerca de 1.000 canções, em pesquisa de doutorado desenvolvida por meu orientando Pedro Zisels.

bém se apresentam dispersas pelo repertório, numa quantidade considerável. Contudo, ao contrário das c-palavras, há maior consistência em sua distribuição, já que algumas das estruturas são mais recorrentes (acontecem nos seis conjuntos considerados), sugerindo preferências, ainda que não muito evidentes. Assim como para as alturas, uma métrica adotada revela, secundariamente, aspectos relevantes para a determinação estilística, no caso, o índice de contrametricidade (ic). Seu valor relativamente alto (0,67) considerando o repertório completo poderá ser uma medida adicional de comparação.[25]

- **Entropias** – Os valores referentes às entropias (especialmente aqueles das r-letras) são também, potencialmente, bons indicadores secundários de possíveis estratégias (igualmente dependentes de confirmações posteriores). A principal diferença que tem a medição em relação à distribuição das r-letras consiste no fato de que se trata de uma medição de *continuações*, ou seja, tem um caráter *dinâmico*, que diz muito a respeito das escolhas de um compositor, ainda que numa janela tão estreita (duplas de eventos no tempo). Em suma, a avaliação das entropias das r-letras reforça a importância da unidade contramétrica n dentro do contexto de escolhas rítmicas por Jobim, fornecendo uma perspectiva distinta do mesmo fenômeno enfatizado pelos aspectos das r-letras e das r-palavras. O cruzamento desses parâmetros em análises comparativas poderá se tornar um poderoso meio para a determinação de estratégias dos compositores envolvidos, referentes ao subdomínio do ritmo.

- **Cardinalidade de c/r palavras** – Semelhantemente ao aspecto do âmbito melódico, a distribuição de cardinalidades

---

[25] Por hipótese, suponho, por exemplo, que o ic/Jobim será maior do que os índices medidos nas análises de Ivan Lins e de Pixinguinha, mas que suponho que será superado pelo ic do repertório de Chico Buarque e por aquele a ser obtido na pesquisa sobre o samba.

das c/r palavras pode ser considerada um fator auxiliar, porém de menor importância, no mapeamento estilístico.

Como exposto no início deste capítulo, as duas listagens – qualitativa e quantitativa – de candidatos a estratégias composicionais de modo algum buscam esgotar o assunto, mas tão somente iniciar uma discussão e propor rumos possíveis para a sistematização da análise estilística, o que, evidentemente, dependerá do acréscimo de dados compatíveis de outros repertórios (e que começa a ser feito, em várias frentes). Acredito que seja um ponto de partida promissor, o que não afasta a possibilidade de eventuais ajustes e incorporações de novos parâmetros de avaliação estilística.

***

Chego, assim, ao fim deste segundo volume dedicado ao exame detalhado da estrutura da música de Antonio Carlos Jobim. Concluindo, espero ter tido êxito em abranger, da melhor maneira possível, seus principais aspectos, a partir de minha visão de teórico, analista, compositor, instrumentista e – também, é claro! – admirador eterno da obra desse grande Mestre. Espero ter sido bem-sucedido nesse intento e, modestamente, contribuído para expandir o conhecimento referente a esse patrimônio de nossa cultura, cujo valor é incalculável.

Bibliografia

ALMADA, Carlos. *Arranjo*. Campinas, Editora da Unicamp, 2001.

——. *A estrutura do choro*. Rio de Janeiro, Da Fonseca, 2006.

——. *Harmonia funcional*. Campinas, Editora da Unicamp, 2009a.

——. "*Samba de uma nota só*: elementos musicais a serviço da expressão poética". *Anais* do Encontro Nacional da Anppom, 19. Curitiba, UFPR, 2009b.

——. "*Chovendo na roseira* de Tom Jobim: uma abordagem schenkeriana". *Per Musi*, n. 22, 2010, pp. 99-106.

——. "A Ursatz jobiniana: considerações sobre aplicações da análise schenkeriana em estudos de música popular". *Actas* del Congresso Latinoamericano de Formación Académica en Música Popular, 3. Villa Maria (Argentina), 2012, pp. 1-10.

——. "Considerações sobre a análise de *Grundgestalt* aplicada à música popular". *Per Musi*, n. 29, 2013a, pp. 117-124.

——. *Contraponto em música popular: fundamentação teórica e aplicações composicionais*. Rio de Janeiro, Editora da UFRJ, 2013b.

——. "The Hierarchical and Combinatorial Nature of the Rhythmic Structure of Brazilian Choro". *Principles of Music Composing: The Phenomenon of Rhythm*, 13. Vilnius (Lituânia). *Proceedings of the 3rd conference Principles of Music Composing*, 2013c, pp. 132-138.

ALMADA, Carlos. "Derivative Analysis and Serial Music: the Theme of Schoenberg's Orchestral Variations Op. 31". *Per Musi*, vol. 33, 2016, pp. 1-24.

——. "Uma proposta teórica visando à aplicação de princípios neorriemannianos em música popular". *Anais do Congresso da Associação Nacional de Teoria e Análise Musical*, 2. Florianópolis, Udesc, 2017a, pp. 20-30.

——. "Representação geométrica de conduções parcimoniosas de vozes em progressões harmônicas em música popular". *Anais do Encontro Anual da Anppom*, 27. Campinas, Unicamp, 2017b.

——. "Gödel-vector and Gödel-address as Tools for Genealogical Determination of Genetically-Produced Musical Variants". *The Musical-Mathematical Mind: Patterns and Transformations*. Cham, Springer Verlag, 2017c, pp. 9-16.

——. "Evolutionary Variation Applied to the Composition of CTG, for Woodwind Trio". *MusMat: Brazilian Journal of Music and Mathematics*, vol. 1, n. 1. 2017d, pp. 1-14.

——. "A Theory for Parsimonious Voice-Leading Classes". *Musica Theorica*, vol. 5, n. 2, 2020a, pp. 1-47.

——. "A Transformational Approach for Musical Variation". *Orfeu*, vol. 5, n. 3, 2020b, pp. 373-411.

——. "Relações de simetria na estrutura de *Eu te amo*, de Antonio Carlos Jobim e Chico Buarque de Holanda". *Orfeu*, vol. 6, n. 3, 2021a, pp. 80-108.

——. "Correlations Between Musical and Biological Variation in Derivative Analysis". *In*: KHANNANOV, I. D. & RUDITSA, R. (ed.). *Proceedings of the Worldwide Music Conference 2021*. WWMC 2021b. *Current Research in Systematic Musicology*, vol. 247. Springer, Cham. <https://doi.org/10.1007/978-3-030-85886-5_5>

——. *A harmonia de Jobim*. Campinas, Editora da Unicamp, 2022.

ALMADA, Carlos. *Musical Variation: Toward a Transformational Perspective*. Cham, Springer Verlag, 2023.

ALMADA, Carlos et al. "J-Analyzer: A Software for Computer-Assisted Analysis of Antonio Carlos Jobim's Songs". *Proceedings Symposium of the Brazilian Society of Computer Music*, 17. São João del Rei, UFSJ, 2019.

ALMADA, Carlos & CARVALHO, Hugo. "Entropia, o espaço harmônico probabilístico e a harmonia de Antonio Carlos Jobim". *Musica Theorica*, vol. 7, n. 1, 2022, pp. 68-111.

ALMADA, Carlos & KÜHN, Max. "DCnet: Uma representação espacial de cadeias de dominantes consecutivos". *Vórtex*, vol. 10, n. 2, 2022, pp. 1-22.

BACCHINI, Luca (org.). *Ensaios sobre Antonio Carlos Jobim*. Belo Horizonte, Editora da UFMG, 2017.

BALSASH, Llorenç. *Los fundamentos de las tensiones armónicas*. Barcelona, Editorial Boileau e La Má de Guido, 2016.

BASHWINER, David. *Musical Emotion: Toward a Biological Grounded Theory*. Doutorado em Música. Chicago, Universidade de Chicago, 2010.

BLÄTTER, Damian. "A Voicing-Based Model for Additive Harmony". *Music Theory Online* 23, n. 3, 2017.

BOSS, Jack. *Schoenberg's Twelve-Tone Music: Symmetry and the Musical Idea*. Boston, Cambridge University Press, 2014.

BROWER, Candace. "A Cognitive Theory of Musical Meaning". *Journal of Music Theory*, vol. 44, n. 2, 2000, pp. 323-379.

CABRAL, Sérgio. *Antonio Carlos Jobim – uma biografia*. Rio de Janeiro, Lumiar, 1997.

CALLADO, Tessy; CEZIMBRA, Márcia & SOUZA, Tárik de. *Tons Sobre Tom*. Rio de Janeiro, Revan, 1995.

CAMPOS, Augusto de. *Balanço da Bossa e outras bossas*. São Paulo, Perspectiva, 1993.

CAPLIN, William. *Classical Form: A Theory of Formal Functions for the Instrumental Music of Haydn, Mozart, and Beethoven*. Oxford, Oxford University Press, 1998.

CARNEIRO, Josimar. *O design musical em canções de Antonio Carlos Jobim*. Tese de doutorado em Música. Rio de Janeiro, Unirio, 2015.

CASTRO, Ruy. *Chega de saudade: a história e as histórias da Bossa Nova*. São Paulo, Companhia das Letras, 1990.

——. *A onda que se ergueu no mar: novos mergulhos na Bossa Nova*. São Paulo, Companhia das Letras, 2001.

——. *A noite do meu bem: a história e as histórias do samba-canção*. São Paulo, Companhia das Letras, 2015.

CHAVES, Celso Loureiro. "Matita Perê". *In*: NESTROVSKI, Arthur (org.). *Lendo música: 10 ensaios sobre 10 canções*. São Paulo, Publifolha, 2007.

CHRISMAN, Richard. "Describing Structural Aspects of Pitch-Sets Using Successive-Interval Arrays". *Journal of Music Theory*, vol. 21, n. 1, 1977, pp. 1-28.

DINIZ, André. *Almanaque do samba: a história do samba, o que ouvir, o que ler, onde curtir*. Rio de Janeiro, Jorge Zahar, 2006.

DOWLING, Jay. "Scales and Contour: Two Components of a Theory of Memory for Melodies". *Psychological Review*, vol. 85, n. 4, 1978, pp. 341-354.

EEROLA, Tuomas. *The Dynamic of Musical Experience: Cross-Cultural and Statistical Approaches to Melodic Expectation*. Tese de doutorado em Música. Jivaskyla (Finlândia), University of Jivaskyla, 2003.

EPSTEIN, David. *Beyond Orpheus: Studies in Music Structure*. Cambridge, The MIT Press, 1980.

FORTE, Allen. *The American Popular Ballad of Golden Era, 1924-50*. Princeton, Princeton University Press, 1995.

FREEMAN, Peter. *The Music of Antonio Carlos Jobim*. Chicago, Intellect, 2019.

FREIRE, Ricardo. "O uso de acordes de empréstimo modal (AEM) na música de Tom Jobim". *Anais* do Encontro Anual da Anppom, 15. Rio de Janeiro, Unirio, 2005, pp. 907-915.

FREITAS, Sérgio. "Passar dos limites? Harmonias de mediante e repertório popular no Brasil". *Opus*, vol. 23, n. 1, 2017a, pp. 104-147.

——. "Deslizando na canção? O caso das harmonias maiores por tons descendentes". *Vórtex*, vol. 5, n. 3, 2017b, pp. 1-33.

FRISCH, Walter. *Brahms and the Principle of Developing Variation*. Los Angeles, University of California Press, 1984.

GOLDSCHMITT, Karian. "Doing the Bossa Nova: The Curious Life of a Social Dance in 1960s North America". *Luso-Brazilian Review*, vol. 48, n. 1, 2011, pp. 61-78.

HAIMO, Ethan. *Schoenberg's Serial Odyssey: The Evolution of His Twelve-Tone Method 1914-1928*. Oxford, Clarendon Press, 1990.

HEPOKOSKI, James & DARCY, Warren. *Elements of Sonata Theory: Norms, Types, and Deformations in the Late-Eighteenth-Century Sonata*. Oxford, Oxford University Press, 2006.

HERRLEIN, Julio. *Combinatorial Harmony: Concepts and Techniques for Composing and Improvising*. Boston, Mel Bay, 2013.

HILLER, Lejaren & BEAN, Calvert. "Information Theory Analyses of Four Sonata Expositions". *Journal of Music Theory*, vol. 10, n. 1, 1966, pp. 96-137.

HILLER, Lejaren & FULLER, Ramon. "Structure and Information in Webern's Symphonie, Op. 21". *Journal of Music Theory*, vol. 11, n. 1, 1967, pp. 60-115.

HURON, David. "The Melodic Arch in Western Folksongs". *Computing in Musicology*, vol. 10, 1996, pp. 3-23.

——. *Sweet Anticipation: Music and the Psychology of Expectation.* Cambridge, The MIT Press, 2006.

JOBIM, Antonio Carlos. *Songbook* (3 vols.). Rio de Janeiro, Lumiar, 1995. Partitura.

——. *Cancioneiro Jobim: obras escolhidas* (5 vols.). Rio de Janeiro, Instituto Antonio Carlos Jobim, 2006. Partitura.

JOBIM, Helena. *Antonio Carlos Jobim – um homem iluminado.* Rio de Janeiro, Nova Fronteira, 1996.

KNOPOFF, Leon & HUTCHINSON, William. "Entropy as a Measure of Style: The Influence of Sample Length". *Journal of Music Theory*, vol. 27, n. 1, 1983, pp. 75-97.

KÜHN, Max. *Arquétipos de voice leadings na harmonia de Antonio Carlos Jobim: uma abordagem através da Teoria das Classes de Condução de Vozes Parcimoniosas.* Dissertação de mestrado em Música. Rio de Janeiro, UFRJ, 2022.

KÜHN, Max *et al.* "Relações neorriemannianas de acordes de sétima na primeira fase composicional de Antonio Carlos Jobim". *Anais* do Encontro Internacional de Teoria e Análise Musical, 4. São Paulo, USP, 2017, pp. 174-183.

LERDAHL, Fred. *Tonal Pitch Space*. New York, Oxford University Press, 2001.

LERDAHL, Fred & JACKENDOFF, Ray. *A Generative Theory of Tonal Music.* Cambridge, The MIT Press, 1983.

LIEBMAN, David. *A Chromatic Approach to Jazz Harmony and Melody.* Milwaukee, Advance Music, 1990.

LOY, Gareth. *Musimathics: The Mathematical Foundations of Music*, vol. I. Cambridge, The MIT Press, 2006.

MANZARA, Leonard; WITTEN, Ian & JAMES, Mark. "On the Entropy of Music: An Experiment with Bach Chorale Melodies". *Leonardo Music Journal*, vol. 2, n. 1, 1992, pp. 81-88.

McCLIMON, Michael. *A Transformational Approach to Jazz Harmony*. Tese de doutorado em Música. Bloomington, Jacobs School of Music, Indiana University, 2016.

McGOWAN, James. "'Consonance' in Tonal Jazz: A Critical Survey of its Semantic History". *Jazz Perspectives*, vol. 2, n. 1, 2008, pp. 69-102.

——. "Riemann's Functional Framework for Extended Jazz Harmony". *Intégral*, vol. 24, 2010, pp. 115-133.

——. "Psychoacoustic Foundations Of Contextual Harmonic Stability In Jazz Piano Voicings". *Journal of Jazz Studies*, vol. 7, n. 2, 2011, pp. 156–191.

MEYER, Leonard. "Meaning in Music and Information Theory". *The Journal of Aesthetics and Art Criticism*, vol. 15, n. 4, 1957, pp. 412-424.

——. *Emotion and Meaning in Music*. Chicago, The University of Chicago Press, 1970.

——. *Style and Music*. Chicago, The University of Chicago Press, 1989.

MICCOLIS, Ana *et al*. "Composição algorítmica de progressões harmônicas ao estilo de Antonio Carlos Jobim através de processos markovianos". *Musica Theorica*, vol. 6, n. 1, 2021, pp. 218-238.

MITHEN, Steven. *The Singing Neanderthals: The Origins of Music, Language, Mind, and Body*. Cambridge, Harvard University Press, 2007.

MOREIRA, Gabriel & NAVIA, Gabriel. "Período, sentença ou híbridos? Aplicações da teoria das funções formais no estudo da forma do choro". *Musica Theorica*, vol. 4, n. 2, 2019, pp. 159-181.

MORRIS, Robert. *Composition with Pitch-Classes: A Theory of Compositional Design*. New Haven, Yale University Press, 1987.

MURPHY, Scott. "The Major Tritone Progression in Recent Hollywood Science Fiction Films". *Music Theory Online*, vol. 12, n. 2, 2006.

NEFF, Severine. "Aspects of Grundgestalt in Schoenberg's First String Quartet, Op.7". *Journal of the Music Theory Society*, vol. 9, n. 1-2, 1984, pp. 7-56.

PIEDADE, Acácio & FALQUEIRO, Allan. "A retórica musical da MPB: uma análise de duas canções brasileiras". *Anais* do Encontro Anual da Anppom, 17. São Paulo, Unesp, 2007.

POLETTO, Fábio. *Saudade do Brasil: Tom Jobim na cena musical brasileira (1963-1976)*. Tese de doutorado em História Social. São Paulo, USP, 2010.

PRIORE, Irna & STOVER, Chris. "The Subversive Songs of Bossa Nova: Tom Jobim in the Era of Censorship". *Analytical Approaches to World Music*, vol. 3, n. 2, 2014, pp. 1-33.

REILY, Ana. "Tom Jobim and the Bossa Nova Era". *Popular Music*, vol. 15, n. 1, 1996, pp. 1-16.

RIPKE, Juliana. "Villa-Lobos e Tom Jobim: uma análise de influências". *Tulha*, vol. 4, n. 1, 2018, pp. 35-68.

——. *O legado e a influência de Villa-Lobos e na origem da Bossa Nova*. Tese de doutorado em Música. São Paulo, USP, 2022.

RUFER, Josef. *Composition with Twelve Notes*. Trad. Humprey Searle. London, Rocklife, 1954.

SANDRONI, Carlos. *Feitiço decente: transformações do samba no Rio de Janeiro (1917-1933)*. Rio de Janeiro, Jorge Zahar Editor/Editora UFRJ, 2001.

SCHOENBERG, Arnold. *Style and Idea: Selected Writings of Arnold Schoenberg*. Ed. Leonard Stein. London, Faber & Faber, 1984.

——. *Fundamentos da composição musical*. Trad. Eduardo Seincman. São Paulo, Edusp, 1991.

——. *Harmonia*. Trad. Marden Maluf. São Paulo, Editora Unesp, 2001.

SÈVE, Mário. *Fraseado do choro: uma análise de estilo por padrões de ocorrência*. São Paulo, Vitale, 2021.

SEVERIANO, Jairo & MELLO, Zuza Homem de. *A canção no tempo: 85 anos de músicas brasileiras* (Vol. I: 1901-1957). São Paulo, Editora 34, 1997.

——. *A canção no tempo: 85 anos de músicas brasileiras* (Vol. II: 1958-1985). São Paulo, Editora 34, 1998.

SHANON, Claude. "A Mathematical Theory of Communication". *The Bell System Technical Journal*, vol. 27, 1948, pp. 379–423.

SIMMS, Bryan. *The Atonal Music of Arnold Schoenberg: 1908–1923*. Oxford, Oxford University Press, 2000.

SNYDER, Bob. *Memory and Music*. Boston, The MIT Press, 2001.

——. "Memory for Music". *In*: HALLAM, Susan; CROSS, Ian & THAUT, Michael (ed.). *Oxford Handbook of Music Psychology*. Oxford, Oxford University Press, 2009.

SOUZA, Tárik de. *Tem mais samba: das raízes à eletrônica*. São Paulo, Editora 34, 2003.

STOVER, Chris. "Jazz Harmony: A Progress Report". *Journal of Jazz Studies*, vol. 10, n. 2, 2015, pp. 157-197.

STRAUS, Joseph. *Introduction to Post-Tonal Theory*. 3. ed. Englewood Cliffs, Prentice-Hall, 2005.

TAGG, Philip. "Analysing Popular Music: Theory, Method, and Practice". *Popular Music*, vol. 2, 1982, pp. 37-65.

TAGG, Philip. *Music's Meanings: A Modern Musicology for Non-Musos*. New York, The Mass Media Music Scholars' Press, 2012.

TATIT, Luiz. *O cancionista: composição de canções no Brasil*. São Paulo, Edusp, 1996.

TEMPERLEY, David. *Music and Probability*. Cambridge, The MIT Press, 2007.

TEMPERLEY, David & DE CLERCQ, Trevor. "Statistical Analysis of Harmony and Melody in Rock Music". *Journal of New Music Research*, vol. 42, n. 3, 2013, pp. 187-204.

TINHORÃO, José Ramos. *Música popular, um tema em debate*. Rio de Janeiro, Saga, 1966.

——. *O samba agora vai...: A farsa da música popular no exterior*. Rio de Janeiro, JCM, 1969.

TREECE, David. "Guns and Roses: Bossa Nova and Brazil's Music of Popular Protest, 1958-68". *Popular Music*, vol. 16, n. 1, 1997, pp. 1-29.

USAI, Claudia *et al*. "Relações entre acordes de sétima no cancioneiro de Antonio Carlos Jobim". *Anais* do Colóquio de Pesquisa do Programa de Pós-Graduação em Música da UFRJ, 17. Rio de Janeiro, 2018.

YOUNGBLOOD, Joseph. "Style as Information". *Journal of Music Theory*, vol. 2, n. 1, 1958, pp. 24-35.

Transcrições das peças inéditas

Este apêndice apresenta as transcrições das 16 peças inéditas de Jobim selecionadas para exemplificação dos diversos aspectos tratados ao longo do livro. Cada uma das partituras transcritas é identificada pelo rótulo adotado nas análises e pelas páginas e pelo capítulo do livro onde é mencionada, bem como pelo título (quando for o caso) que consta no manuscrito. Os *links* para acesso dos manuscritos, como arquivos em formato pdf, estão depositados no acervo de manuscritos do Instituto Antonio Carlos Jobim. Breves comentários sobre as peças são adicionados (anotações eventuais feitas por Jobim nos manuscritos são indicadas em itálico).

A melodia de Jobim

MJ-1

- **Título original**: *Às vezes bem, às vezes mal*
- **Páginas**: 99-100 (capítulo 4)
- **Link de acesso ao manuscrito**: https://www.jobim.org/jobim/bitstream/handle/2010/7247/as%20vezes%20bem%20as%20vezes%20mal.pdf?sequence=3.
- **Comentários**: Trecho com 11 compassos, correspondendo, aparentemente, à seção inicial de um samba-canção em Lá maior. Apresenta acompanhamento harmônico original.

MJ-2

- **Título original**: *Impossível*
- **Páginas**: 104, 106 (capítulo 4)
- ***Link* de acesso ao manuscrito**: https://www.jobim.org/jobim/bitstream/handle/2010/7321/impossivel.pdf?sequence=3.
- **Comentários**: Samba-canção em Sol maior de curta extensão, contendo apenas uma seção com *ritornello* (21 compassos), estruturada como sentença. A peça foi escrita originalmente para piano com acompanhamento esquemático (os acordes são apresentados em blocos).

MJ-3

- **Título original**: *Memórias*

- **Páginas**: 104, 107 (capítulo 4)

- ***Link* de acesso ao manuscrito**: https://www.jobim.org/jobim/bitstream/handle/2010/4080/memo%cc%81rias.pdf?sequence=6.

- **Comentários**: Composição (aparentemente completa) em Dó maior, de gênero indefinido. Não apresenta acompanhamento harmônico original. Estrutura binária, com a seção [A] sendo organizada como período simples. A seção contrastante [B] sugere modulação para Mi menor.

MJ-4

- **Título original**: *Chôro*

- **Páginas**: 105, 108 (capítulo 4)

- ***Link* de acesso ao manuscrito**: https://www.jobim.org/jobim/bitstream/handle/2010/7281/choro%20I.pdf?sequence=3.

- **Comentários**: Melodia de choro em Ré♭ maior. Seção [A] está completa (em estrutura de período simples), porém não harmonizada. A seção [B] só apresenta o primeiro compasso e o único acorde do manuscrito (A♭m7), sugerindo inclinação para a subdominante, Sol♭ maior. O motivo inicial da peça é reapresentado deslocado metricamente (à maneira de Jacob do Bandolim), sugerindo uma influência do *swing* do *jazz*.

MJ-5

- **Título original**: *Canção do papai*

- **Páginas**: 109-110 (capítulo 4)

- ***Link* de acesso ao manuscrito**: https://www.jobim.org/jobim/bitstream/handle/2010/7275/cancao%20do%20papai.pdf?sequence=6.

- **Comentários**: Peça aparentemente completa (20 compassos), em Dó maior, de gênero indefinido e não harmonizada. Duas seções, sendo a primeira estruturada como sentença e a segunda como período, ambas simples.

MJ-6

- **Título original**: *Deus é quem sabe das coisas*

- **Páginas**: 109, 111 (capítulo 4)

- *Link* **de acesso ao manuscrito**:
  https://www.jobim.org/jobim/bitstream/handle/2010/7291
  /choro%20deus%20e%20quem%20sabe.pdf?sequence=4.

- **Comentários**: Choro em estrutura ternária (A-B-A') com 40 compassos de extensão. Embora aparente ser bastante cromática (já que no original Jobim empregou armadura de clave de Dó maior), a melodia está claramente centrada em Si maior. A seção [A] estrutura-se em três frases, cada qual com oito compassos e iniciada por enunciações da ideia básica do choro. A recapitulação [A'] apresenta uma única frase, semelhante à inicial, mas com desfecho distinto. A harmonia não foi fornecida por Jobim, com a exceção dos quatro últimos acordes (a finalização em Bm6 é surpreendente, o que sugere que talvez a melodia esteja incompleta). A destacar a extensa amplitude da linha melódica (exigindo o emprego de claves de sol e fá), sugerindo ser uma peça para piano, incompleta em relação às demais vozes.

A melodia de Jobim

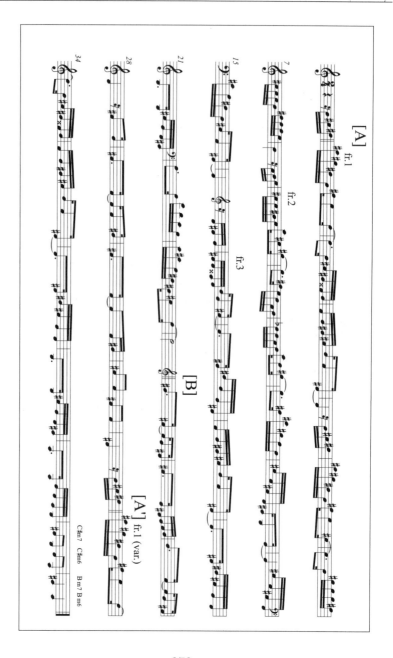

MJ-7

- **Título original**: *É tão tarde que a noite está dormindo*

- **Páginas**: 109, 112 (capítulo 4)

- ***Link*** **de acesso ao manuscrito**:
  https://www.jobim.org/jobim/bitstream/handle/2010/7308/e%20tao%20tarde%20noite%20dormindo.pdf?sequence=4.

- **Comentários**: Fragmentos de uma peça (provavelmente instrumental e em gênero baião) modal (em Ré Lídio), escrita para um instrumento indefinido, com acompanhamento de violão. Há vários compassos incompletos. Algumas indicações do compositor (em itálico) estão presentes na partitura. O manuscrito contém ainda algumas anotações que, possivelmente, são referentes ao arranjo idealizado, sem indicação de instrumentos.

A melodia de Jobim

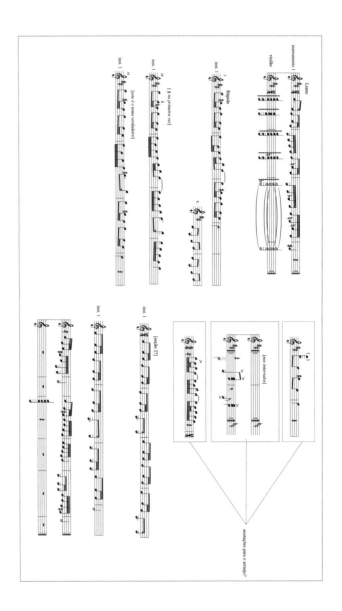

MJ-8

- **Título original**: *Pra que é que foi lá*
- **Páginas**: 109, 112 (capítulo 4)
- ***Link* de acesso ao manuscrito**:
  https://www.jobim.org/jobim/bitstream/handle/2010/7556/pra%20que%20e%20que%20foi%20la.pdf?sequence=4.
- **Comentários**: Peça no subgênero de partido-alto em Láb maior. De acordo com anotações no manuscrito, parece ter sido escrita por encomenda, para a «Orquestra do Barba». Inclui breves indicações de contracantos e informações sobre instrumentos. Há um fragmento, harmonizado com cifras, que possivelmente seria a introdução da peça. Um longo trecho (a partir do c. 36) é provavelmente parte de outra música na mesma tonalidade, devido à falta de coerência motívica em relação ao trecho inicial. O final (c. 53–56) é escrito apenas com alturas não ritmizadas (uma possível realização é proposta).

A melodia de Jobim

MJ-9

- **Título original**: *Chôro*

- **Páginas**: 133-134 (capítulo 6)

- ***Link* de acesso ao manuscrito**:
  https://www.jobim.org/jobim/bitstream/handle/2010/7282/choro%20II.pdf?sequence=3.

- **Comentários**: Choro em Dó maior em duas seções (incluindo retorno à primeira e salto para uma coda harmonizada com cifras). A seção [A] se estrutura como período-choro. A seção [B] tem estrutura próxima à de uma sentença simples. Indicações de acentuação na melodia estão presentes no manuscrito.

A melodia de Jobim

Transcrições das peças inéditas

MJ-10

- **Título original**: *Hoje estou tão sozinho*
- **Páginas**: 135-136 (capítulo 6)
- ***Link* de acesso ao manuscrito**:
  https://www.jobim.org/jobim/bitstream/handle/2010/4160
  /se%20e%cc%81%20por%20falta%20de%20adeus%20.pdf?se
  quence=6.
- **Comentários**: Pequena peça (gênero indefinido), em Mi♭ maior (com modulações internas, incluindo uma mediântica – M3M, como indicado na análise). A melodia foi harmonizada com cifras pelo compositor e é estruturada em quatro fragmentos justapostos (sendo o último de função cadencial), baseados em ideias motívicas distintas. A peça aparenta estar incompleta (possivelmente, falta uma segunda seção). Como fato curioso, o manuscrito apresenta em seu cabeçalho a expressão «Que máscara!», o que talvez se refira ao uso de clave de Dó na 3ª para a notação melódica (aqui substituída pela clave de Sol, por questões de praticidade). Possivelmente, tratar-se-ia de um reflexo dos estudos de contraponto de Jobim com o compositor alemão H. J. Koellreutter.

A melodia de Jobim

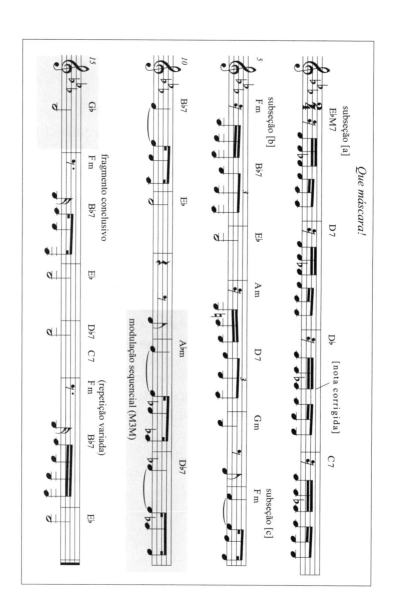

MJ-11

- **Título original**: *Naqueles velhos tempos*

- **Páginas**: 177-178 (capítulo 7)

- ***Link* de acesso ao manuscrito**:
  https://www.jobim.org/jobim/bitstream/handle/2010/7442/naqueles%20velhos%20tempos.pdf?sequence=2.

- **Comentários**: Seção de choro em Ré menor, não harmonizada. A melodia se estrutura como sentença simples, com oito compassos. O título escolhido evoca claramente o choro *Naquele tempo*, composto por Pixinguinha e Benedito Lacerda, também em Ré menor.

A melodia de Jobim

MJ-12

- **Título original**: (não há)
- **Páginas**: 177, 179 (capítulo 7)
- **Link de acesso ao manuscrito**: https://www.jobim.org/jobim/bitstream/handle/2010/7396/melodia%20em%20mi%20bemol%20maior%20II%20.pdf?sequence=3.
- **Comentários**: Seção principal de peça (gênero indefinido) em Mi♭ maior, em estrutura de período-composto 1. Apresenta harmonização completa, em cifras. No original, a música é escrita em uma folha comum (não pautada), com as linhas traçadas a régua.

MJ-13

- **Título original**: *Samba sem princípios*

- **Página**: 211 (capítulo 8)

- *Link* **de acesso ao manuscrito**:
  https://www.jobim.org/jobim/bitstream/handle/2010/7532
  /samba%20sem%20principios.pdf?sequence=3.

- **Comentários**: Extraordinário exemplo da economia construtiva jobiniana, com a melodia construída a partir de um único motivo básico (a variedade é, portanto, quase inteiramente harmônica). Apesar do que sugere o título, não soa como um samba, mas como uma canção (faltando a letra, é claro) de grande lirismo e expressividade. A harmonia é fornecida pelo compositor numa escrita esquemática dos acordes para piano (não ritmizados). Alguns compassos no manuscrito estão em branco (mantidos assim na transcrição), sugerindo repetições ou sustentações dos compassos anteriores. A estrutura básica é binária: a seção [A] se apresenta como uma sentença (16 compassos), centrada em Mi maior. A seção [B] é formada por uma série de sequências variadas, cujo modelo é extraído da ideia contrastante de [A] (c. 9–11). Uma linha cromática do baixo tipicamente jobiniana (c. 9–15), ligando as classes de altura Lá♯ a Mi, num âmbito de trítono, direciona a conclusão da seção principal. Destaquem-se ainda a complexidade e a instabilidade tonal da seção [B], como indica a análise harmônica que é aqui proposta: os centros são apenas sugeridos pelos acordes que fecham as sequências, antecedidos por acordes sintaticamente remotos, o que resulta em uma sonoridade de funcionalidade vaga e bastante complexa (um fato curioso, provavelmente casual, é que a sequência dos centros da seção [B] – Si-Ré-Fá♯ – forma o arpejo de Bm, uma das tonalidades da seção).

A melodia de Jobim

MJ-14

- **Título original**: *Outra canção*

- **Página**: 225 (capítulo 9)

- *Link* **de acesso ao manuscrito**:
  https://www.jobim.org/jobim/bitstream/handle/2010/7568
  /outra%20cancao.pdf?sequence=5.

- **Comentários**: Samba-canção em Sol maior, em arranjo para piano, aparentemente completo (estrutura de período-composto 1). Há uma letra datilografada, encontrada em arquivo separado, não inserida na transcrição por apresentar algumas inconsistências na prosódia melódica.

A melodia de Jobim

Transcrições das peças inéditas

MJ-15

- **Título original**: *Dois sambas simplex*

- **Página**: 225 (capítulo 9)

- ***Link*** **de acesso ao manuscrito**:
  https://www.jobim.org/jobim/bitstream/handle/2010/7304
  /dois%20sambas%20simplex.pdf?sequence=4.

- **Comentários**: De acordo com o título original, trata-se de dois breves sambas que, no entanto, guardam fortes correlações motívicas, entre si e com a ideia básica de *Wave*. Curiosamente, ambos são escritos em clave de Dó na 3ª linha (assim como mJ-10). As afinidades entre ambos os sambas permitem até pensarmos que poderiam ser combinados em uma só peça, a despeito de suas tonalidades (diferenciadas por intervalo de trítono): Ré♭ maior e Sol maior. Em termos estruturais, o primeiro samba se organiza em quatro frases com quatro compassos cada, numa configuração híbrida entre período e sentença. Por sua vez, o segundo tema se apresenta como uma sentença, embora a finalização em semicadência possa sugerir que o trecho poderia formar um antecedente de um período-composto 1. Uma modulação-relâmpago para Lá maior, próxima à cadência, traz um interessante colorido para a peça. Além da harmonia, em cifras, as letras dos dois sambas são fornecidas por Jobim no manuscrito.

A melodia de Jobim

MJ-16

- **Título original**: (não há)

- **Página**: 225 (capítulo 9)

- ***Link* de acesso ao manuscrito**:
  https://www.jobim.org/jobim/bitstream/handle/2010/7368/melodia%20em%20do%20menor%20II.pdf?sequence=3.

- **Comentários**: Seção de samba completa, escrita em Dó menor. Apresenta a estrutura de sentença simples, com 16 compassos.

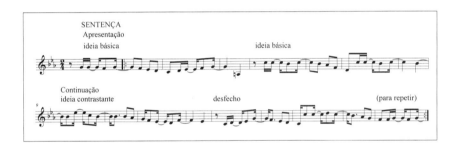

Glossário

Neste glossário são listados e concisamente definidos os principais conceitos introduzidos no livro. Termos usados nas definições que são também entradas do glossário aparecem destacados em negrito. Os capítulos nos quais os conceitos estão mencionados pela primeira vez são informados ao final de cada entrada.

- **Alfabetos** – Conjuntos formados por **c/r letras**. No caso do **subdomínio** das alturas, o conjunto é denotado por A_c, tendo por membros as sete **c-letras**: A, a, P, p, S, s, u. Já o alfabeto rítmico, denotado por A_r, é formado por 26 **r-letras**: a, b, c, d, ..., x, y, z [*cap. 1*].

- **Apoio melódico** – É como se denomina, no presente contexto, a **nota-função** que conclui um determinado segmento melódico, considerando sua relação com o acorde que a suporta [*cap. 5*].

- **Cadeia DC** – Sequência de acordes dominantes (quase sempre secundários) consecutivos. Uma cadeia DC sempre apresenta duas linhas internas cromáticas descendentes, formadas pela alternância de **notas-funções** 3 e 7, integrantes dos trítonos dos acordes [*cap. 6*].

- **Cardinalidade** – Corresponde ao número de elementos distintos de uma dada estrutura. No contexto do capítulo no qual se insere, o conceito pode se referir tanto ao número de **c/r letras** de uma determinada **c/r palavra** quanto ao número de ataques (ou articulações) de notas em questão [*cap. 1*].

- **c/r letra** – Unidade considerada no **Modelo de Filtragem Melódica**. As c/r letras podem ser associadas aos **subdomínios** das alturas (prefixo «c») ou dos ritmos (prefixo «r»). Elas compõem **alfabetos** específicos [*cap. 1*].

- **c/r palavra** – Estrutura resultante da concatenação de **c/r letras**, a partir da codificação em símbolos (de acordo com as convenções do **Modelo de Filtragem Melódica**) de trechos melódicos previamente segmentados [*cap. 1*].

- **c/r sentença** – Estrutura resultante da concatenação de **c/r palavras**. Uma c/r sentença corresponde à transcrição de uma melodia em análise nos termos do **Modelo de Filtragem Melódica** [*cap. 1*].

- **Contornos melódicos específicos** – Representação de uma melodia como gráfico plotado em um plano cartesiano, tendo como dimensão vertical alturas-midi (Dó central = 60) e dimensão horizontal pontos no tempo. Facilita comparações visuais de estratégias composicionais [*cap. 4*].

- **Clímax** – Denominação da altura mais aguda de uma melodia [*cap. 4*].

- **Derivação melódica econômica** – É como se identifica a prática tipicamente jobiniana de obtenção de temas pelo desenvolvimento de ideias básicas. Associa-se aos princípios de *Grundgestalt* e **variação progressiva** [*cap. 8*].

- **Divisor métrico** – No contexto do **Modelo de Filtragem Melódica**, é o número que divide a unidade temporal, de modo a formar uma **grade micrométrica** adequada para um determinado repertório de análise. No caso presente, adota-se o divisor 12. Ver também o tópico **subdivisor métrico** [*cap. 1*].

- **Entropia** – Conceito originado da Teoria da Informação, representa uma medida da incerteza de um determinado evento, considerando suas possíveis continuações. A entropia é quantificada em *bits* [*cap. 1*].

- **Estruturas monosseccionais** – Denominação dada às configurações formais de temas (na acepção especial deste termo que é aqui adotada) que se apresentam confinadas a uma seção. Contrapõem-se às **estruturas multisseccionais** [*cap. 6*].

- **Estruturas multisseccionais** – Denominação dada às configurações formais de temas (na acepção especial deste termo que é aqui adotada) que se apresentam organizadas em duas ou mais seções. Contrapõem-se às **estruturas monosseccionais** [*cap. 6*].

- **Filtragem melódica** (FM) – Processo de conversão de uma melodia, adotado no **Modelo de Filtragem Melódica**, com o intuito de gerar classes de padrões de alturas e de ritmo para subsequente análise comparativa. A filtragem de uma melodia é realizada a partir de três fases complementares: segmentação, abstração e codificação [*cap. 1*].

- **Gesto de contorno** – Abstração de um trecho de *contorno melódico específico*. Os gestos apresentam-se como membros de classes que congregam distintas manifestações de trechos de melodia que potencialmente compartilham estratégias composicionais básicas. No presente trabalho, apenas gestos iniciais foram considerados, enquadrando-se em sete classes, de acordo com semelhanças basicamente visuais de seus gráficos: «serra descendente», «serra ascendente», «cordilheira», «pico», «vale serrilhado», «salto» e «planalto» [*cap. 4*].

- **Grade micrométrica** – Estrutura abstrata resultante da divisão de um tempo (semínima) por um **divisor métrico**, sobre a qual são estabelecidas as **r-letras**. No presente trabalho, a grade micrométrica é segmentada em 12 posições, o que permite a criação de um **alfabeto** rítmico com 26 membros [*cap. 1*].

- *Grundgestalt* – Conceito cunhado por Arnold Schoenberg, associado ao desenvolvimento musical orgânico. Uma *Grundgestalt* corresponde a uma ideia básica da qual, idealmente, pode ser extraído todo o material a ser empregado em uma peça musical, através de processos de **variação progressiva** [*cap. 8*].

- **Índice de contrametricidade** (ic) – Valor numérico que busca estabelecer uma medida para a *contrametricidade* de dada **r-palavra**, sendo calculado a partir de um algoritmo especial [*cap. 2*].

- **Índice de diversidade interna** (id) – Valor calculado como a razão entre o número de **c/r letras** distintas em uma **c/r palavra** e sua cardinalidade [*cap. 2*].

- **Índice de economia intervalar** (iE) – Métrica que busca avaliar o perfil de contornos de uma **c-palavra** de acordo com a maior ou menor ocorrência de movimentos intervalares «econômicos». As **c-letras** se dividem, quanto ao grau de economia intervalar, em quatro categorias: máxima (u), alta (P, p), média (A, a) e baixa (S, s) [*cap. 2*].

- **Índice de economia intervalar compensada** (iEc) – Versão complementar do **índice de economia intervalar**, que

Glossário

leva em conta as direções das **c-letras** na avaliação das **c-palavras** [*cap. 2*].

- **Índice de tensão sensorial** (iTS) – Razão entre a soma da **tensão sensorial** dos pontos de apoio de um determinado trecho melódico e o número total desses pontos [*cap. 5*].

- *Inter-onset intervals* (IOI) – Ou *intervalos entre ataques*, em uma tradução livre do original inglês. Refere-se a classes de sequências rítmicas que são equivalentes pelas posições métricas de suas articulações, independentemente das durações de som ou silêncio entre elas [*cap. 1*].

- **Locução dominante** – Uma das possíveis denominações para fórmulas cadenciais que se caracterizam pelo desdobramento do acorde dominante (V) em uma relação binária II–V, mantendo a função original. Pode ser primária (quando o V é o dominante primário, diatônico) ou secundária (no caso de dominantes secundários, V/II, V/III etc.). A fórmula é também nomeada como «II relativo» ou «II cadencial» [*cap. 5*].

- **MDA*** – Denominação do submodelo para análise derivativa, formatado a partir do **Modelo de Filtragem Melódica**, sendo associado ao Modelo de Análise Derivativa (MDA) [*cap. 8*].

- **Modelo de Filtragem Melódica** – Aparato teórico e metodológico elaborado para permitir a análise de padrões melódicos, efetivado a partir das etapas de segmentação, abstração e codificação [*cap. 1*].

- **Nota-função** – Refere-se a uma nota contextualizada em um determinado acorde. Uma nota-função expressa não a classe de altura a que está associada (Mi, Dó♯ etc.), mas a função que exerce no acorde que a contém: fundamental, terça, sexta, nona menor etc. [*cap. 5*].

A melodia de Jobim

- **Perfil métrico** – Gráfico de barras usado para apresentação da distribuição dos ataques rítmicos correspondentes à **grade micrométrica** [*cap. 2*].

- **Período** – Conceito criado por Arnold Schoenberg (e aperfeiçoado por William Caplin). Descreve uma estrutura temática padronizada com oito compassos, divididos em duas metades, denominadas *antecedente* e *consequente*. Além do esquema cadencial normativo, fechando as duas metades com cadências «fraca» e «forte», os períodos se caracterizam pela presença de uma ideia básica (em geral, durando dois compassos) nos inícios do antecedente e do consequente, evidenciando uma relação de similaridade nesses pontos [*cap. 2*].

- **Sentença** – Conceito criado por Arnold Schoenberg (e aperfeiçoado por William Caplin). Descreve uma estrutura temática padronizada com oito compassos, divididos em duas metades, denominadas *apresentação* e *continuação*. As sentenças apresentam apenas uma cadência ao final da estrutura, caracterizando-se ainda pelo fato de que sua ideia básica (em geral, durando dois compassos), que é introduzida no início do tema, é imediatamente replicada (quase sempre transposta). A continuação introduz um elemento contrastante, que pode ser derivado da ideia básica [*cap. 2*].

- **Subdivisor métrico** – Número que divide um **divisor métrico**. No caso presente, são subdivisores os números 1, 2, 3, 4, 6 e 12, porém na prática são considerados apenas 3 e 4 [*cap. 1*].

- **Subdomínios** – Denominação de parâmetros estruturais adotados para a abstração da melodia. Consideram-se no presente caso os subdomínios das alturas e dos ritmos [*cap. 1*].

- **Tensão sensorial** (TS) – Quantificação atribuída ao grau de tensão de uma determinada **nota-função** em relação ao acorde que a suporta. Varia de 0,5 (para a fundamental) a 7,0 (nona aumentada) [*cap. 5*].

- **Trajetória de tensão sensorial** – Representação gráfica de uma sequência de pontos de apoio melódico em relação aos valores de **tensão sensorial** a eles associados [*cap. 5*].

- **Variação progressiva** – Conceito elaborado por Arnold Schoenberg, consiste no conjunto de técnicas de variação aplicadas recursivamente e que, idealmente, podem resultar em gerações de formas variantes de amplos matizes de similaridade e contraste. Entende-se também a variação progressiva como um processo de estruturação musical [*cap. 8*].

Lista das canções

Segue-se a listagem das canções exemplificadas neste livro, identificadas por seus títulos, nomes de seus compositores e das editoras que detêm seus direitos autorais. Todas as obras estão contidas no Acervo Antonio Carlos Jobim / Instituto Antonio Carlos Jobim.

- *Absolute Lee* (Antonio Carlos Jobim) / Editora: Jobim Music (endereço eletrônico: <administrativo@jobimmusic.com>)
- *Angela* (Antonio Carlos Jobim) / Editora: Jobim Music
- *Aula de matemática* (Antonio Carlos Jobim & Marino Pinto) / Editora: Jobim Music
- *Bebel* (Antonio Carlos Jobim) / Editora: Jobim Music
- *Bonita* (Antonio Carlos Jobim, Gene Lees & Ray Gilbert) / Editora: Jobim Music
- *Caminhos cruzados* (Antonio Carlos Jobim & Newton Mendonça) / Editora: Jobim Music
- *Chega de saudade* (Antonio Carlos Jobim & Vinicius de Moraes) / Editora: Fermata do Brasil
- *Chovendo na roseira* (Antonio Carlos Jobim) / Editora: Jobim Music

- *Corcovado* (Antonio Carlos Jobim) / Editora: Jobim Music
- *Desafinado* (Antonio Carlos Jobim & Newton Mendonça) / Editoras: Arapuã | Fermata do Brasil (endereço eletrônico: <nacional@fermatadobrasil.com.br>)
- *Discussão* (Antonio Carlos Jobim & Newton Mendonça) / Editora: Jobim Music
- *Engano* (Antonio Carlos Jobim & Luis Bonfá) / Editora: Edições Euterpe (endereço eletrônico: <euterpe@uol.com.br>)
- *Este seu olhar* (Antonio Carlos Jobim) / Editoras: Arapuã | Fermata do Brasil
- *Estrada branca* (Antonio Carlos Jobim & Vinicius de Moraes) / Editora: Fermata do Brasil
- *Eu sei que vou te amar* (Antonio Carlos Jobim & Vinicius de Moraes) / Editoras: Arapuã | Fermata do Brasil
- *Eu te amo* (Antonio Carlos Jobim & Chico Buarque de Holanda) / Editora: Jobim Music | Marola (endereço eletrônico: <editora.marola@uol.com.br>)
- *Garota de Ipanema* (Antonio Carlos Jobim & Vinicius de Moraes) / Editoras: Jobim Music | Universal Music
- *Insensatez* (Antonio Carlos Jobim & Vinicius de Moraes) / Editoras: Jobim Music | Universal Music
- *Inútil paisagem* (Antonio Carlos Jobim & Aloysio de Oliveira) / Editora: Jobim Music
- *Luiza* (Antonio Carlos Jobim) / Editora: Jobim Music
- *Maria é dia* (Antonio Carlos Jobim, Paulo Jobim & Ronaldo Bastos) / Editora: Jobim Music

- *Modinha* (Antonio Carlos Jobim & Vinicius de Moraes) / Editora: Fermata do Brasil

- *O nosso amor* (Antonio Carlos Jobim & Vinicius de Moraes) / Editora: Fermata do Brasil

- *Passarim* (Antonio Carlos Jobim) / Editora: Jobim Music

- *Piano na Mangueira* (Antonio Carlos Jobim & Chico Buarque de Holanda) / Editoras: Jobim Music | Marola

- *Retrato em branco e preto* (Antonio Carlos Jobim & Chico Buarque de Holanda) / Editora: Jobim Music | Marola

- *Samba de uma nota só* (Antonio Carlos Jobim & Newton Mendonça) / Editora: Jobim Music

- *Samba do avião* (Antonio Carlos Jobim) / Editora: Jobim Music

- *Se todos fossem iguais a você* (Antonio Carlos Jobim & Vinicius de Moraes) / Editoras: Jobim Music | VM Empreendimentos (endereço eletrônico: <editora@vmcultural.com.br>)

- *Soneto de separação* (Antonio Carlos Jobim & Vinicius de Moraes) / Editoras: Jobim Music | Universal Music

- *Sucedeu assim* (Antonio Carlos Jobim & Marino Pinto) / Editoras: Arapuã | Fermata do Brasil

- *Surfboard* (Antonio Carlos Jobim) / Editora: Jobim Music

- *Tereza da praia* (Antonio Carlos Jobim) / Editora: Euterpe

- *Vem viver ao meu lado* (Antonio Carlos Jobim & Alcides Fernandes) / Editora: Euterpe

- *Vivo sonhando* (Antonio Carlos Jobim & Newton Mendonça) / Editora: Jobim Music

A melodia de Jobim

- *Wave* (Antonio Carlos Jobim) / Editora: Jobim Music

Título	A melodia de Jobim
Autor	Carlos Almada
Coordenador editorial	Ricardo Lima
Secretário gráfico	Ednilson Tristão
Preparação dos originais e revisão	Lúcia Helena Lahoz Morelli
Editoração eletrônica	Carlos Almada
Design de capa	Estúdio Bogari
Formato	16 x 23 cm
Papel	Avena 80 g/m² – miolo
	Cartão supremo 250 g/m² – capa
Tipologia	LM Roman
Número de páginas	304

ESTA OBRA FOI IMPRESSA NA GRÁFICA CS
PARA A EDITORA DA UNICAMP EM OUTUBRO DE 2023.